TJ Special File 27

スポーツにおける呼吸筋トレーニング

山地啓司　山本正彦　田平一行　編著

はじめに

　人の一生は"オギャー"と泣くこと、すなわち、呼吸を開始することで始まります。運動では、たとえば、野球でバッターが打ったボールを野手が瞬時に取ろうとするとき最初に動く身体部位は腕でも脚でもなく、コアにある呼吸筋に属する横隔膜です。すなわち、呼吸器官の働きにリードされて全身が動くのです。元横綱の白鵬は相撲の立ち合いや技をかけるタイミングは"呼吸"にあると言います。たとえば、四つ相撲になったとき、技をかけるポイントは相手が吸気を開始するときだと言います。このように、人間が生まれるときやスポーツでからだを動かし始めるときは呼吸が重要なポイントになります。すべてのスポーツはタイミングやリズムが重要ですが、これらを形成するのは呼吸です。

　筆者が院生の頃、全身持久性の指標である最大酸素摂取量の決定因子が何であるかが議論されました。そのとき、心臓や脚の筋組織などの部位が挙がりましたが、呼吸筋を挙げた人は誰もいませんでした。ところが約30年前に米国のウィスコンシン大学の研究グループは、運動強度が高まり心臓から送り出す血液量が上限に近づくと、生命維持に関与する肺や心臓への血流量が優先され、それに伴って末梢の腕の筋肉や脚筋への血流量が制限されることを実証し、この現象を呼吸筋の"盗血作用"と名づけました。そして長距離走レースでも呼吸が苦しくなってくると脚筋の血流量が減少することから、持久性の運動の制限因子は呼吸筋にあるとみなしました。

　近年、呼吸筋に関する出版物が多く発刊されています。それらは、呼吸の構造や呼吸のメカニズム、呼吸とからだの健康、精神とマインドコントロール、運動時の呼吸特性等々が主です。本書は、中長距離・マラソン、水泳、登山、自転車、ラグビーなどへの呼吸筋トレーニングがパフォーマンス向上に有効であること、その強化方法に特化しました。競技選手だけでなく、健康や楽しみを目的に運動を行っている多くの方々にもご利用いただけると幸甚です。ご尽力いただきました浅野将志編集長に感謝申し上げます。

山地啓司

著者一覧

山地啓司　　富山大学名誉教授

田平一行　　畿央大学健康科学部理学療法学科教授

山本正彦　　桜美林大学健康福祉学群教授

北田友治　　星城大学経営学部スポーツマネジメント分野講師
　　　　　　順天堂大学スポーツ健康科学部協力研究員

森　寿仁　　兵庫県立大学環境人間学部講師

安藤真由子　株式会社ミウラ・ドルフィンズ

大石　徹　　防衛大学校総合教育学群体育学教育室准教授

基礎編

本書は『月刊トレーニング・ジャーナル』2020年10月号〜 2021年10月号に「呼吸筋トレーニングの基礎と実践」として連載されたものを加筆・修正した。ご所属や肩書きは、原則として連載当時のものである。

ブックデザイン●青野哲之（ハンプティー・ダンプティー）

呼吸の働き

山地啓司

呼吸筋トレーニングがなぜ重要視されているか

　かつて、「呼吸機能（肺換気量）は全身持久性の制限因子とはならない」と信じられていました。なぜなら、運動強度を高めていくと酸素摂取量（$\dot{V}O_2$）や心拍出量（心臓から全身に送り出される血液量）は高まるが、あるスピードに達すると徐々に増加率が低下し、やがて定常状態が現れオールアウト（運動が続けられなくなる状態）に達します。しかし、肺換気量（肺に空気を取り込む量）は、酸素摂取量や心拍出量に定常状態が現れ始めても、指数関数的（過呼吸）に増加を続けます（図1-1）。このため、肺換気量は酸素摂取量や心拍出量に比べ、まだ十分余裕があるとみなされたからです。

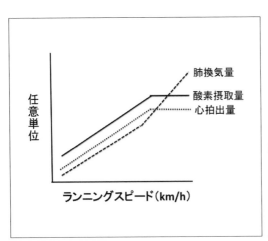

図1-1　ランニングスピードの高まりに対する心拍出量、酸素摂取量、肺換気量の変動の模式図

ところが1990年に入って、ウィスコンシン大学（米国）のDempsey博士を中心とする研究グループは、酸素摂取量や心拍出量に定常状態が現れてもなお肺換気量が指数関数的に高まり続けるときに呼吸筋で使われる酸素はどこからくるのか、と疑問を持ちました。そこで、呼吸筋で使われる相対的エネルギー消費量（1分間当たりの全酸素摂取量に対する割合）が、なぜ高まり続けられるかの原因を追究しました。その結果、呼吸筋には生命維持のために代謝性反射が存在し、呼吸筋の活動のための酸素が不足し始めると末梢の活動筋（脚筋）の血管を狭窄し、本来活動筋で使われるべき酸素の一部を呼吸筋に配分すると推測しました。この事実を確かめるために、人工的に呼吸抵抗を強くしたり弱めたりすると活動筋への血流量が増減することを認め、その推測が正しいことを実証しました。

　その後多くの研究者によってその事実が追認され、さらに、実際に持久性のレースで呼吸筋が疲労すると、それに伴って活動筋が疲労することや、呼吸筋トレーニングをするとランニングの経済性（効率）が高まり、パフォーマンス（記録や成績）が向上することなどが科学的に証明されました。

　すでに世界のスポーツ界では今世紀に入ってから陸上競技長距離・マラソン、自転車、水泳、ボート、トライアスロンなどの持久性のスポーツはもちろん、サッカー、ラグビー、格闘技など瞬発的なパワーを要するスポーツでも最高のパフォーマンスを生むために、呼吸筋トレーニングは不可欠だと考えられるようになりました。

呼吸はどんな働きをするのか

　赤ん坊が「オギャー」と産声を上げて誕生するとき、赤ん坊はまず外界の空気を肺に取り込み、発声と同時に呼気を一気に吐き出します。すなわち、ヒトの人生は呼吸を始めることから始まります。呼吸は人体にどのような働きをするのでしょうか。

1）第1の働き：O_2を体内に取り込みCO_2を体外へ排出する（代謝活動）

　呼吸は、吸気筋と呼気筋の2つの筋肉が交互に拮抗的に作用しながら、

外気を肺に取り入れたり吐き出したりします。すなわち、口や鼻から吸い込まれた空気は、気道を経由して肺の一番奥深くにある肺胞に送り込まれ、肺胞の酸素（O_2）と二酸化炭素（CO_2）の分圧と、肺胞の周囲に張り巡らされている肺毛細血管血のO_2とCO_2の分圧の較差で、肺胞のO_2は肺毛細血管血へ、また、肺毛細血管血のCO_2は肺胞へと、それぞれ拡散します。肺毛細血管血内のO_2はヘモグロビンと結合（HbO_2）して、一度心臓に還流した後左心室から全身の器官・組織へ必要に応じて配分されます。肺胞内へ移行したCO_2は呼気として体外へ排出されます。

2) 第2の働き：こころとからだを融合する（心身の一体化）

　体内の内臓器官は自律神経によってコントロールされていますが、唯一呼吸だけは自律神経（不随意神経）と体性神経（随意神経）の2つの神経に支配されています。すなわち、呼吸筋は自分の意志（マインド）で動かすことも止めることもできるし、意識しなくても自律神経によって働き続けます。呼吸と同じく生命維持のために重要な働きをしている心臓は、自律神経のみの支配を受けています。もし自分の意志で心臓を止めることができるならば、自殺者が大勢出るようになるかもしれません。呼吸は自分の意志で止められますが、どんなに意志が強くても死に至る前に意識を失うので死に至ることはありません。ヒトのからだは実にうまくできています。

　呼吸は、安静時では呼息期に副交感神経（迷走神経）が強まり、吸息期には交感神経が強くなります。たとえば東洋の禅、気功、ヨガ、太極拳などでは、吸息は鼻呼吸（吸気の湿気を高め浮遊物や病原菌などを取り除く）で空気を肺一杯に吸い込みます。呼息は大脳からの雑念を一時的に断ち切る（無心状態）かのように15～30秒かけてゆっくり吐き出します。呼息をゆっくり長く行うことで副交感神経を活性化させ、心身がリラックス（癒し）するように誘導し、併せてホルモンなどの内分泌の調節を行います。呼吸法は日本古来の芸道（芸能、武芸、技芸）では最も重要視されています。

3) 第3の働き：こころの緊張度をコントロールする（集中力の効果）

　最大パワーや筋力を発揮する際、たとえば陸上競技の投擲選手は投げ

る瞬間に大声を発します。もちろん、声を発すると同時に肺の空気を一気に吐き出します。選手たちは声を出すと記録が伸びることを経験的に知っています。この経験知は科学的にも証明されています。たとえば、全力で握力を発揮する際には、無言よりはお腹から声を出しながら力を発揮するほうが約5%大きな力が出ます。これを「シャウト（掛け声）効果」と呼びます。

　このメカニズムとしては、ヒトのからだには筋肉の安全性（ケガの防止）を確保するために普段では心理的抑制がかかっていますが、力を発揮するときに声を発することで中枢神経からの抑制が弱まり、集中力が高まります。その影響で主働筋だけでなく、それを副次的に助ける筋線維の動員数も多くなることが考えられています。同じような現象として、「火事場の馬鹿力」があります。すなわち、緊急事態発生の状況下では中枢神経からの抑制が一時的に解除され、心理的（髄意的）最大筋力の限界が生理的限界に近づいてきます。

　その他、スポーツ選手は試合前に過緊張になると、緊張度を調節するために深呼吸を行います。かつて日本では、試合前に「無心」になることが推奨されましたが、無心では戦闘意欲を下げすぎるので今日では適度な緊張がベストと考えられています。

4）第4の働き：動きのリズムを形成する（合目的的な動きの形成）

　ヒトの身体活動には全身の部位や器官・組織が相互に深く関連しながら合目的的に作用することが求められます。その状態を把握するひとつの手段は、身体の部位が安定したリズムを保ちながら活動しているか否かです。

　優れた指導者が科学的手法を用いることなく一瞬にして選手の身体能力を総合的に評価できるのは選手の動きのリズム、合理的で力強い動き、敏速で正確な動き、美しさなどからです。その中でも身体の部位や器官が、相互に合目的的なリズムを保ち機能しているかが重要な要素となります。この動きのリズムをリードするのが呼吸です。このリズムが崩れるときは、呼吸に乱れが生じ始めるときでもあり、また疲労の始まるときでもあります。

5）第5の働き：中枢神経と自律神経の情報交換の橋渡しをする（中枢神経と自律神経のジャンクションの働き）

　呼吸筋は臓器や骨格筋などと生命維持や筋力発揮をするために、酸素供給の配分やリズミカルな動きを調節しています。たとえば、息こらえをすると心臓の活動水準（心拍数）は低下します。また、海に潜ると心拍数は水深が深くなるにつれ徐々に低下し、約20mに到達する頃には心拍数は20〜30拍/分低くなります。洗面器の水の温度を断続的に低くしながらそのたびに顔を浸けると、心拍数は段々と低下します。すなわち、心拍数は水温の影響を強く受けることがわかります。

　水温を体温と同じ温度にした水を洗面器に張り、顔を静かに浸けると、心拍数は5〜6拍減少します。空の洗面器に顔を浸ける姿勢で止息しても心拍数は5〜6拍下がります。これらの心拍数の低下は水圧や姿勢反射が除去されているので、止息時にみられる生命維持のための心拍反射と考えられています。この現象は、呼吸筋と心臓がいかに密接な関係を保ちながら機能しているかを示しています。

　ではなぜ、呼吸は前述のような千変万化の多様な働きができるのでしょうか。それは呼吸の多様能にあります。たとえば、呼吸は吸気（横隔膜、外肋間筋、肋間挙筋など）と呼気（内肋間筋など）に分かれ、呼吸法は、胸式呼吸と腹式呼吸、口呼吸と鼻呼吸、あるいはその両者の呼吸に区別されます。さらに、呼吸の仕方には、深い・浅い呼吸、長い・短い呼吸、速い・遅い呼吸、止息などがあり、しかも、意識的あるいは無意識的に変動します。すなわち、自律神経と体性神経、自律神経は交感神経と副交感神経の働きによってコントロールされています。したがって、司令塔の大脳を除けば、呼吸組織・機能は身体の組織・器官の中で、唯一多種多様な働きができるスーパー器官だと言えそうです。

口呼吸と鼻呼吸

　我が国では酸素摂取量を測定する際にフェイスマスクを使いますが、多民族が混在する欧米では顔かたちに違いがあり、フェイスマスクが合わない人もいるため鼻にノーズクリップを付けた状態でマウスピースをくわえて測定します。フェイスマスクとマウスピースの違いは、鼻呼吸

＋口呼吸か口呼吸かですが、最大酸素摂取量（$\dot{V}O_2max$）と肺換気量（$\dot{V}_E$）を比較すると、鼻呼吸＋口呼吸（フェイスマスク）を100％とすると口呼吸（マウスピース）だけではそれぞれ93.8％と87.2％に相当します。ちなみに、フェイスマスクをした状態で鼻呼吸だけにしますと、鼻呼吸＋口呼吸のそれぞれ85.8％と68.1％になります。

　さらに呼吸効率（1LのO_2を体内に取り込むときの空気の量：$\dot{V}_E/\dot{V}O_2$）を比較すると、鼻呼吸＋口呼吸（フェイスマスク）と口呼吸（マウスピース）が32.9と29.0に対して鼻呼吸だけでは24.8となります。すなわち、1LのO_2を鼻呼吸だけで取り込むときには鼻呼吸＋口呼吸よりもエネルギーコストが少なくて済みます。優れたマラソン選手が走る際に、ほとんどの選手が口呼吸でなく鼻呼吸で走っている理由がこんなところにあるのかもしれません。ただし、走スピードが速くなるとか、マラソンの終盤になって疲れてくると、身体が求める十分なO_2を取り込むためには効率だけでなく量が求められるので、鼻呼吸＋口呼吸が必要になってきます。

　ランニング中に選手が疲れてきて顔や顎を上に向けて呼吸すると、監督から「顎を出すな」と檄が飛びます。それはなぜですかと聞かれたことがあります。確かに顔を上に向けると気道が開き空気が肺に入りやすくなりますが、てこの原理で重心から一番遠い頭を後ろに反らしたり顔を下に向けたりすると、走る際の経済性にマイナスの影響を及ぼします。このことを考えると、頭を重心の真上に位置するように自然な姿勢を保つことが望ましくなります。

呼吸と運動リズムとの関連性

1）呼吸は身体の動きをリードする

　骨格筋は2つの神経系、中枢神経系（大脳と脊髄）と末梢神経系に支配され、脊髄以降の伝達路である末梢神経系は体性神経系と自律神経系、さらに、体性神経系は運動神経と感覚神経、自律神経系は交感神経と副交感神経に分類されます（表1-1）。大脳にとって自律神経系の内臓器官（呼吸系を除く）はいわば治外法権下にあり力を行使できません

表1-1　中枢神経と末梢神経の構成（真島，1978）[1]

```
中枢神経系
　脳
　脊髄
末梢神経系
　体性神経系
　　遠心性神経（運動神経）
　　求心性神経（感覚神経）
　自律神経系
　　遠心性神経（交感神経と副交感神経）
　　（求心性神経：内臓の感覚神経）
```

が、内臓には感覚神経があり、そこからの情報は大脳に送られます。呼吸筋は他の内臓器官と異なり、大脳や各組織器官と密接な情報交換を行っています。

　全身運動を始めようとするときは、まず大脳から電気信号（インパルス）が発せられ、それが体性神経を介して骨格筋に伝達され筋の収縮が始まります。そのとき、最も早く動き始めるのはコア筋（骨盤に関与する筋肉）です。約400万年前に人類の直立二足歩行が可能になったのは、ひとえにコア筋、その中でも一番容量が大きい大殿筋の働きに負うところが大きく、大殿筋を含めてコア筋には29個の筋肉があり、体幹と大腿筋を骨盤に結びつける重要な働きをしています。その中でも大腰筋、腸骨筋、小腰筋などの深層筋は骨盤を挟んで体幹の骨と大腿骨を強く結びつけ、全身運動の要となっています。重心の移動を伴う運動（全身運動）、たとえば野球で内野手のところへボールが飛んできたとき、身体の部位で最も早く動くのは腕ではなくコア筋です。コア筋の中には呼吸筋の横隔膜があり、コア筋の動きに呼吸筋が深く関与します。すなわち、呼吸筋は身体活動と密接な関係を保ちながら機能しています。

　野球を例に挙げると、バッターが打ったボールが頭上を越えようとするとき腕を伸ばし（伸筋を使って）、ボールをキャッチしようとすると胸郭が広がります。すなわち、吸気を伴います。また内野手は、ゴロのボールをキャッチしてファーストに投げる体勢までは息を吸い、投げる際には息を吐きながら投げます。また律動的な動き、たとえば、ランニ

ングでは「イチニ・イチニ」と2拍子のリズムを取りながら走っています。

　このように、呼吸はスポーツのすべての動きの中で連続的、あるいは不連続的にリズムをつくりながら正確で敏速なプレーをするのを助けています。

2）スポーツにみられる同期現象

　スポーツのトレーニング過程で技術（動き）を学ぶ際の定石は、すでに基本の動きや美しいフォームを身につけた選手の動きやリズムを「まねる」ことです。「まねる」行為は意志を伴いますが、意志を伴わない場合があります。そのひとつの現象を「同期現象」と言います。一般に、同期現象はモノとモノの場合、たとえば2つのメトロノームを震動が伝わりやすい板の上に並列に並べ針の速さを等しくし、さらに針の振れをランダムにセットしていても、1週間もすると同期する現象を言います。

　人と人の同期現象は、2人が向かい合って会話しているとき、一方が腕組みをすると他方もまた腕組みをしてしまいます。これは両者が意識した行動ではなく無意識の行動です。これを相互同期現象と言います。これに対して、絶対的なものに引き込まれる場合には強制同期現象と呼びます。たとえば、ヒトの体内時間は約24.5時間ですが地球の自転は1日24時間と絶対的ですから人は地球の自転（24時間）に合わせて生活していることになります。この他、同期現象は自然界でも見られます。たとえば、虫籠のホタルの点滅やコオロギの鳴き声などは同期します。

　このような同期現象はスポーツでもしばしば認められます。たとえば、駅伝チームの監督は日頃から選手に「並走を避けるように…」と指導します。リズムに大きな差がある場合には、お互いに走りづらいので早晩離れますが、リズムが似た2人の選手が並走する場合には徐々にリズムが合ってきます。並走は、「一緒に走りましょう」という意思表示ですので、競争意識が薄れペースが落ちる傾向があります。並走よりも直列の状態（競走姿勢）で走るほうが好ましいようです。しかし、この場合でも前の選手を観るでもなく観ているうちに相手のリズムに合ってくることがあります。この場合は後方の選手が前方の選手のリズムに強

制的に引き込まれたと考えられています。

　マラソンのトップ集団にはドラフティング（風よけ）という行為がありますが、仮に無風状態で2人のランナーが2m離れて直列状態で走ると仮定すると、前の選手は後方の選手より時間にして約4分間、余分にエネルギーを使って走っています。向かい風が吹けば、さらに両者のエネルギーコスト差が広がります。しかし実際には、無風状態では両者のタイムの差は約90秒しかありません。それはおそらく、後方の走者は前の走者の足が触れないように微妙にスピードを調節したり、前の走者を観るでもなく観てしまい相手のリズムに引き込まれて、自分のリズムで走れないことでタイムロスが生じていると推測されます。

　かつて中山竹通選手（ダイエー）がマラソンを走る際、トップ集団の数メートル斜め前方を一人離れて走ることが多いので、「なぜ離れて走るのか」を尋ねたところ、「一人で走るほうが自分のペースやリズムで走れるから」と応えてくれました。ランナーの疲れは走りのリズム、とくに呼吸の乱れや足音の高まり、あるいは、身体の揺らぎ（動揺）の大きさに現れます。音は後方の選手からも聞こえますので、気にしだすと嫌なものです。長身の中山選手にとって、自分と異なったリズムを聞くことは、ドラフティング以上に苦痛だったために取った解決策だったかもしれません。

　身体の同期現象は日々のトレーニングに応用ができます。優れた選手の後方を走ることで、前の選手のリズムやフォームを無意識的にまね、そのことが自分のランニング技術を矯正することになります。最近、トラックを一列（直列）になって走っている中・高校生などを見かけますが、並ぶ位置を工夫すると、リズムやフォームを無意識のうちに矯正することもできます。このような直列走のトレーニングは、自転車、漕艇、スケートなどのトレーニングにもみられます。

3）カップリング（位相同期）現象

　身体の各部位や器官の相互関係は要素が多いだけに複雑です。たとえば運動リズムと呼吸リズム（2体問題）は比較的簡単ですが、呼吸、心拍、運動（脚）の3つのリズム（3体問題）になるとより複雑になります。このため呼吸、心拍、運動リズムにはカップリングの存在が認めら

れていますが、まだ問題点が多く残されています。

　問題のひとつは呼吸筋にあります。呼吸筋は不随意だけでなく髄意的に変えられるので必ずしも一定でないこと、もうひとつは心拍や運動は1回1回点として現れるので時間を正確に計測できますが、呼吸曲線はゆっくり山なりに弧を描きながら変化するので、どこが山の頂点か特定することに難があり、正確に測定するのが難しいのです。しかし、呼吸と心拍、呼吸と運動、心拍と運動のリズムは律動的運動[*1]として認められそうです。

　ランニングのリズムは着地の頻度（ピッチ）ですのでテンポと言います。呼吸筋は髄意でもあり不随意でもあるので、呼吸のリズムには個人差がありますが、多くは吸う吐く、吸う吐くの2拍子で走っています。3段階のスピードで着地のテンポと呼吸頻度との関係を調べると、相互に密接な関係が存在することがわかります（図1-2）。音楽の世界では

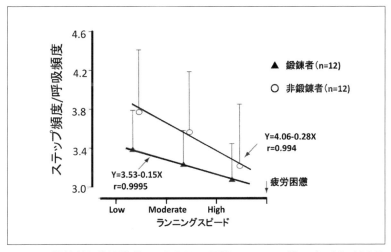

図1-2　鍛錬者と非鍛錬者にみられる3段階のランニングスピードに対するステップ頻度／呼吸頻度の関係（山地，1999）[2]

*1：ウォーキング、ジョギング、ランニング、スイミング、サイクリング、ローイング、スケーティング、スキーイング、ステッピング、ホッピング、スキッピング、クランキング

1世紀以前から、心拍と呼吸のリズムの密接な関係は、「人間の心臓の拍動が音楽のリズムとテンポの基礎となっている」と言われています。

　心拍の1拍ごとの所要時間を連続約150回測り、回数（横軸：X軸）ごとに1拍の所要時間を1/1000秒単位で縦軸（Y軸）にして作図すると、心拍の所要時間はノコギリの歯のようにギザギザになります（図1-3）。これを心拍の揺らぎ現象と言い、このギザギザ現象は呼吸性不整脈や腎臓性不整脈の影響を示しています。リズムを失うことは身体が不自然な状態を示すことから、ギザギザがあることは健康の証です。たとえば、長期間のハードなトレーニングを行ったときのオーバートレーニング症候群では、ギザギザ現象が全くみられなくなります。臨床医学の分野ではこの心拍の揺らぎを周波数分析することによって、疾病の診断や治療に活かしています。この心拍の揺らぎは交感神経と副交感神経の影響が呼吸の吸気と呼気に正確に映し出されていると考えられています。

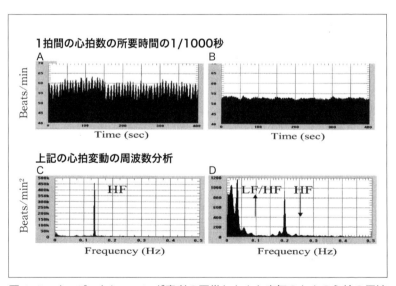

図1-3　オーバートレーニング患者の正常なときと病気のときの心拍の周波数分析
上段の図のAとBは各心拍間の所要時間を1/1000秒単位で示したもの。下段の図のCとDは周波数分析をしたもの。ただし、AとCは正常、BとDは病気のもの。（山地，2013）[3]

このように、生命維持に重要な働きをしている心臓と呼吸は、相互に
密接な関係を保って機能しています。次にもうひとつの例を挙げましょ
う。

運動強度の指標を主観的運動強度（RPE）でみる

　スウェーデンの心理学者ボルグ（Borg）は運動強度が感覚的な疲労度
のRPE（きつさ）とほぼ比例することから、6から20までの数字の奇数
値に7個の言語を当てはめて表示しました（表1-2）。しかし、この14
段階の評価は不慣れなことから、今日世界では10段階法が多く採用され
ています（我が国では現在この表1-2が採用されています）。

　6から20段階は運動中の心拍数を10で除した数をイメージしたもの
ですが、言語の「非常に楽である」から「楽である」までの軽負荷での
3段階の評価を感覚的に把握することは難しいようです。その後の「き
つい」の4段階の言語表現は評価しやすいことから精度が高くなりま
す。ボルグは主観的運動強度と心拍数が比例することから心拍数を基準
に評価表を作成しましたが、心臓と呼吸のきつさを合わせて胸部のきつ
さとして評価されています。したがって、RPEは心臓と呼吸のきつさ
を総合評価したものと言えます。

表1-2　主観的運動強度（RPE）の英語表示と日本語表
　示（小野寺と宮下，1976)[4]

20		
19	Very very hard	非常にきつい
18		
17	Very hard	かなりきつい
16		
15	Hard	きつい
14		
13	Somewhat hard	ややきつい
12		
11	Fairly light	楽である
10		
9	Very light	かなり楽である
8		
7	Very very light	非常に楽である

さらに、マラソンやウルトラマラソンでは脚のRPEが胸部のRPEよりも高くなります。このことは呼吸筋への酸素供給が、活動筋（脚）よりも優先される事実と符合するようです。

[参考文献]

1）真島英信．『生理学』1978．文光堂．
2）山地啓司．（1999）ランニングのテンポと呼吸リズム．体育の科学．49：371-375.
3）山地啓司．『こころとからだを知る心拍数』2013．杏林書院．
4）小野寺孝一，宮下充正．（1976）全身持久性運動における主観的強度と客観的強度〜 Rating of perceived exertionの観点から〜．体育学研究．21:191-203.
5）山地啓司．（2015）呼吸筋の疲労とトレーニングが生理的機能と持久性運動のパフォーマンスへ与える影響．日本運動生理学雑誌．22:25-40.
6）山地啓司．（2017）呼吸筋トレーニングは呼吸機能やスポーツパフォーマンスを改善するか〜これからの研究のための概念と方向性に関するレビュー〜．体力科学．66:171-184.

呼吸の量（容量）と機能を測る

田平一行

　第2章では、呼吸筋トレーニングで改善が期待される呼吸の機能について解説していきます。

　呼吸は大気と血液間のガス交換です。したがってガス交換の場である肺までの空気の出入り（換気）と、肺内でのガス交換に分けて考える必要があります。ここでは、最初に呼吸（換気とガス交換）のメカニクスについて概説し、その後呼吸の容量をはじめとした呼吸機能について触れ、運動パフォーマンスへの影響について説明します。最後に、呼吸の症状として重要な呼吸困難感について解説します。

換気のメカニクス（図2-1）

　肺は内部が陰圧で気密になっている胸郭の中にあって、気道により外界と通じています。吸気は横隔膜、外肋間筋などの吸気筋が収縮して胸郭を拡張することで、胸腔内の陰圧が強まり、肺が膨張して口や鼻から空気が肺内に流入します。安静呼気では呼気筋は使われず、吸気筋が弛緩すると肺や胸郭の弾性により胸郭と肺が縮小して行われます。この換気運動に大きく影響するのが気道抵抗とコンプライアンスです。

1）気道抵抗
　気道の中の空気の通りにくさのことで、電気分野のオームの法則と同じ考えが適用されます。気道抵抗が高いと気流を起こすために高い圧力が必要になります。

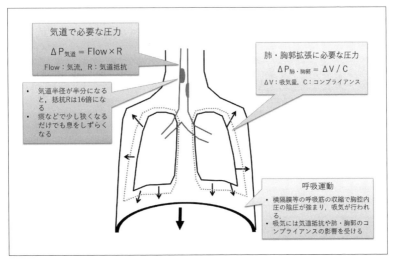

図2-1　呼吸運動と換気に必要な力（圧力）
吸気道抵抗が高い場合（喘息など）やコンプライアンスが低い場合（間質性肺炎、高齢者など）は、吸気に高い圧力を必要とし、換気が得られにくい。

$$\Delta P_{気道} = Flow \times R$$
（$\Delta P_{気道}$：気流の発生圧、Flow：気流、R：気道抵抗）

　日本人のデータによると痰の喀出のために240L/minの気流が必要とされています。たとえば、ある患者は痰の喀出に自分の60％の呼気筋力（気流の発生圧）を必要とします。風邪などにより気道抵抗が2倍に増えた場合は120％の呼気筋力が必要となるので、現実的には痰を出せず生命の危機に陥ることになります。当然ですが運動時には多くの換気が必要なので、気道抵抗が高いと余分な呼吸筋活動が必要となり、運動パフォーマンスにも大きな影響を与えます。

　また、気道抵抗は気道半径の4乗に反比例します（ハーゲン・ポアズイユの法則）。これは気道半径が半分になれば気道抵抗は16倍になることを意味しています。つまり気道が狭くなる病気、慢性閉塞性肺疾患（COPD：Chronic Obstructive Pulmonary Disease）や気管支喘息などでは、わずかな気道の狭窄が気道抵抗を増加させ、換気のために余分な力を必要とします。

2）コンプライアンス

　膨らみやすさ、柔らかさの指標であり、圧変化に対する体積変化の割合で表されます。

$$C = \Delta V / \Delta P$$

（C：コンプライアンス、ΔV：体積変化、ΔP：圧力変化）

　肺コンプライアンスは、間質性肺炎では低いため肺が膨らみにくく、換気が得られにくいことになります。COPD患者は、肺コンプライアンスは高いのですが、胸郭のコンプライアンスが低いため換気は得られにくくなります。高齢者など身体の硬い人は、胸郭コンプライアンスの影響で換気は得られにくくなります。

3）換気に必要な圧力

　肺での換気（ΔV）を得るためには、気道で気流を発生させるための圧力（$\Delta P_{気道}$）と肺を膨らませるための圧力（$\Delta P_{肺・胸郭}$）が必要であり、気道抵抗と肺・胸郭のコンプライアンスの影響を強く受けます。つまり、気道が狭くなるようなCOPDや、肺が硬い間質性肺炎は、いずれも換気のための圧力（呼吸筋力）が健常者より必要になるので、換気しづらく、呼吸筋も疲労しやすくなります。

4）有効な換気量（肺胞換気量）

　肺から体内に酸素を取り込むためには、まず換気が必要です。分時換気量（$\dot{V}_E$）は1回換気量（V_T）と呼吸数（RR）の積で表されます。しかしV_Tの中にはガス交換に関与しない換気量（死腔：V_D 約150mL）があり、これは呼吸（ガス交換）としては無効となります。有効な換気量である肺胞換気量（$\dot{V}_A$）は下記の式で計算されます。

$$\dot{V}_A = (V_T - V_D) \times RR$$

　ここで、通常呼吸（V_T 500mL、RR 10回/分）と浅くて速い呼吸（浅速呼吸：V_T 250mL、RR 20回/分）で比較してみましょう。まず分時換

気量は、どちらも5L/分になります。次に肺胞換気量を比較すると下記のようになります。

通常呼吸　$\dot{V}_A = (500 - 150) \times 10 = 3500\,\text{mL}/\text{分} = 3.5\,\text{L}/\text{分}$
浅速呼吸　$\dot{V}_A = (250 - 150) \times 20 = 2000\,\text{mL}/\text{分} = 2.0\,\text{L}/\text{分}$

　つまり、見かけ上は同じだけの換気をしているのですが、ガス交換できる換気量は、浅速呼吸では約半分になります。したがって効率よく酸素を得るためには、ゆっくりと大きな呼吸をしたほうが有利になります。

ガス交換のメカニクス

　呼吸運動によって肺胞に取り込まれた酸素は、血液に拡散し、各組織へ運ばれます。この肺胞−血液間のガス交換には、拡散と換気−血流比が重要です。

1）拡散（図2-2）
　拡散とはガス分子が濃度（分圧）の高いほうから低いほうへ移動する現象を言います。肺胞内に入ってきたO_2は、肺胞、間質、毛細血管、血漿、赤血球へと拡散します。組織で産生されたCO_2は、血液側から肺胞側へ逆に拡散されます。この拡散は、表面積、圧力の差に比例し、厚さに反比例します。したがって、肺胞と血管の接触面積が減少するCOPDや肺間質が肥厚する間質性肺炎などでは、拡散能力が低下して低酸素血症になりやすくなります。また心不全の場合は、左心室から十分に血液を拍出できないため肺血管に血液が貯留して、それが間質へ染み出す肺水腫が生じるため、肺間質が肥厚して低酸素血症となります。
　また、健康な人の安静時の肺胞換気と毛細血管の接触時間は約0.75秒で、約0.25秒で拡散は終了します。当然、運動時は血流が速くなるため接触時間は短くなります。健常者への影響は少ないが、間質性肺炎など拡散障害のある場合は拡散時間短縮の影響は大きく、運動時に著しい低酸素血症をきたすことになります（図2-3）。

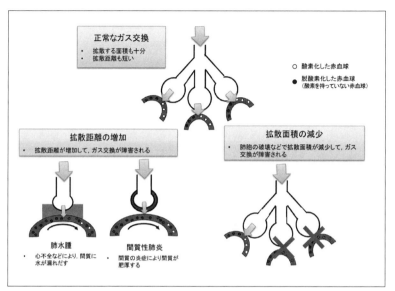

図 2-2　拡散の仕組みと障害される病態

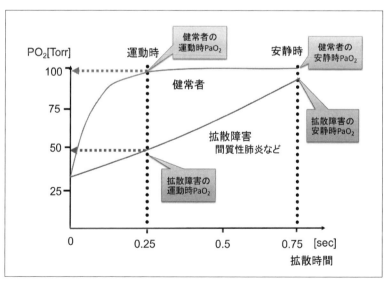

図 2-3　拡散時間と酸素分圧との関係[1]

拡散障害がある場合は、運動時には拡散時間が短くなり、著しい低酸素血症となりやすい。PaO$_2$ 60Torr 以下は、酸素吸入が必要なレベル。

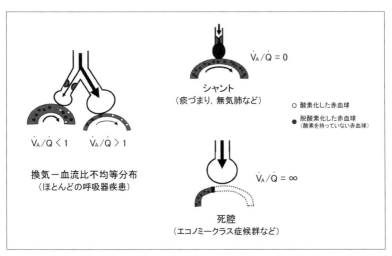

図2-4　換気-血流比の異常とその病態

2) 換気-血流比 ($\dot{V}_A/\dot{Q}$)（図2-4）

　肺胞換気量 ($\dot{V}_A$) と肺毛細血管の血流量 ($\dot{Q}$) の割合である換気-血流比 ($\dot{V}_A/\dot{Q}$比) はガス交換に大きく影響し、1が理想的です。換気が血流より多い ($\dot{V}_A/\dot{Q}>1$) 場合は、届く酸素に対して、運ぶ血流が少ないため効率が悪くなります。逆に換気が血流より少ない ($\dot{V}_A/\dot{Q}<1$) 場合は、届く酸素が少ないため血流が無駄になります。このように換気-血流比が不均衡な場合は、低酸素血症の原因となります。

　極端な例として、痰が詰まるなどして気道が完全に閉塞した場合 ($\dot{V}_A/\dot{Q}=0$) を（肺内）シャント、エコノミークラス症候群のように血栓が肺動脈に詰まって血流がない場合 ($\dot{V}_A/\dot{Q}=\infty$) を死腔と呼び、その部分ではいずれも全く酸素が得られないことになります。ほとんどの呼吸器疾患では換気-血流比の不均衡により低酸素血症などが生じています。また、心不全の場合は、血流量 ($\dot{Q}$) が少ないために $\dot{V}_A/\dot{Q}>1$ となり、ガス交換の機能が低下します。

肺機能検査

　肺機能検査は各種存在しますが、ここでは最も一般的なスパイロメト

リーと肺拡散能力検査に絞って解説します。

1) スパイロメトリー
　スパイロメトリーとは、口元から出入りする空気の量を測定する検査
で、縦軸を肺気量（肺内の空気量）、横軸を時間経過としたグラフ（ス
パイログラム）で表します。一般的に肺機能検査というと、このスパイ
ロメトリーのことを指し、これによって肺活量をはじめとした肺気量分
画や、気道閉塞の評価として用いられる1秒率やフローボリューム曲線
が得られます。

肺気量分画
　図2-5に、スパイロメータを用いて、安静呼吸の後、最大限に息を吸
わせ（最大吸気）、ゆっくり最後まで息を吐かせたときの肺気量の変化
を示しています。このときに出入りする最大の換気量が肺活量（Vital
Capacity : VC）になります。肺活量は、年齢、性別、身長から標準値
が算出されるため、標準値に対する割合を%VC（対標準肺活量）と呼

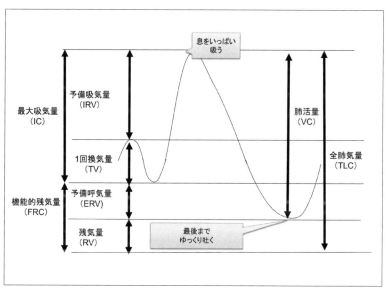

図2-5　肺活量と肺気量分画

び、80％以下を異常（拘束性換気障害）とし、換気ができる肺の容量が少ないことを意味しています。

　楽に息を吐いたときに肺内の残っている肺気量のことを機能的残気量（FRC）と呼び、ここでは肺の縮む力と胸郭の広がる力が釣り合っています。楽に息をしたときの量を1回換気量（TVまたはV_T）、FRC位から最大限に努力して吐ける量を予備呼気量（ERV）と言い、それでもなお肺内に残っている量を残気量（RV）と呼びます。また、安静吸気位から努力して吸える量を予備吸気量（IRV）と呼びます。

　このように肺の容量の成分を分けたものを肺気量分画と呼んでいます。ちなみにVはVolume、CはCapacityの略語でどちらも「量」を表していますが、肺気量分画では、「分けられない量をVolume」「分けられる量をCapacity」としています。たとえば

肺活量（VC）＝ IRV ＋ TV ＋ ERV

などです。ほとんどの肺気量分画はスパイロメトリーでわかるのですが、残気量は測定できません。したがって、残気量が含まれる機能的残気量、全肺気量も測定ができません。これらを知るためには、ヘリウム希釈法や体プレチスモグラフの検査が必要ですが、日常臨床ではあまり用いられません。

努力性肺活量と1秒率（図2-6）

　肺気量分画は、ゆっくりと換気させますが、最大吸気後に最大努力で息を一気に最後まで吐かせたときの肺活量のことを努力性肺活量（FVC）と呼び、VCより低くなります。健常者ではVCとFVCの差はわずかですが、COPDや喘息患者では、呼気時の気道閉塞のため肺内の空気を十分に吐くことができないため、この差が大きくなります。

　また、最大呼気努力後1秒間で吐いた量を1秒量（FEV_1）と言います。FVCに対するFEV_1の割合（FEV_1/FVC）のことを1秒率（FEV_1％）と呼び、息の吐きにくさの指標になります。70％以下を異常（閉塞性換気障害）としています。

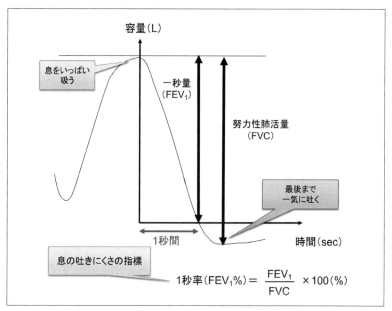

図2-6　努力性肺活量と1秒率

換気障害の判定

　前述した％VCと1秒率から図2-7のように換気障害が分類されます。閉塞性換気障害の代表的な疾患は、COPDや気管支喘息です。拘束性換気障害の代表的な疾患は、間質性肺炎や神経筋疾患（筋ジストロフィーなど）です。高齢者や体幹が硬い場合も拘束性障害を生じやすくなります。

　また、両方の障害がある場合を混合性換気障害と呼びます。COPDは重症化すると息が吐けないため機能的残気量（FRC）が増加し、肺活量が減少して混合性換気障害となります。

フローボリューム曲線（図2-8）

　努力性肺活量測定時の呼気流量を縦軸に、容量を横軸に表した図のことをフローボリューム曲線と呼びます。フローボリューム曲線の前半部分は中枢気道を、後半部分は末梢気道を反映します。したがって、中枢気道の狭窄は前半部分が低くなり、末梢気道の閉塞（COPDなど）は後

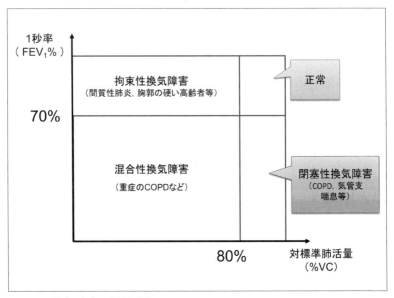

図 2-7　換気障害の判断基準

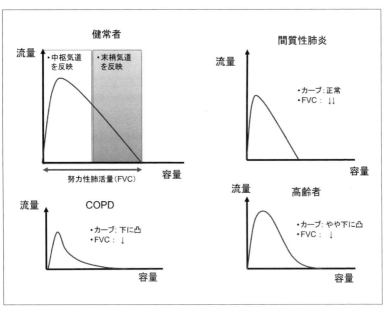

図 2-8　フローボリューム曲線

半部分がより低く、下に凸をした形になります。また、前半部分は呼気努力の影響を受けるので、中枢気道に問題がなくても、努力が足りなければ、流量は低くなります。一方、後半部分は呼気努力の影響を受けないため、末梢気道病変を正しく評価できます。

　なお、肺活量の少ない病気（間質性肺炎）などでは、容量を表す横軸（幅）が小さくなり、流量も少し低下します。グラフの形は健常者とほぼ同じですが、大きさが小さくなります。高齢者は、肺活量が小さくなり、末梢気道の閉塞も生じやすくなりますので、やや下に凸の形で、幅も少し狭くなります。

最大分時換気量（MVV）

　最大努力で12秒間換気をさせる検査です。これを5倍して1分間に可能な最大の換気量（MVV）を計算し、総合的な換気能力の指標として用いられています。つまり拘束性障害では、呼吸数は上げられますが、1回換気量を増やすことができないためMVVは低下します。また閉塞性障害では、息を吐くために時間がかかり、呼吸数を上げられなくなってMVVが低下します。このとき無理に呼吸数を上げると、吐き切る前に息を吸ってしまうため、肺の中の空気が多くなり（FRCが増加する）、徐々に肺が過膨張してしまい、結局十分な換気ができなくなります。

気道閉塞のメカニズム（図2-9）

　COPDや気管支喘息は気道が狭くなる病気で、吸気と呼気では全く異なります。

　肺は風船のように弾力性があるので常に縮もうとしています。それを胸郭や横隔膜をはじめとした呼吸筋で、胸郭と肺との間（胸腔）の圧を陰圧（安静時で約 $-5\,cmH_2O$）に保つことで、肺がつぶれないようにしています（図2-9a）。吸気時は、吸気筋によってこの胸腔内圧をより低く（約 $-10\,cmH_2O$）します。このときの肺胞、気道、胸腔内の圧は図2-9bに示す通りで、大気より肺胞の圧が低くなり、気流が発生します。胸郭の中では、肺胞や気道よりも胸腔内の圧が低いので気道が狭くなることはありません。吸気終了時には肺胞内圧も大気圧と同じになります（図2-9c）。そして吸気筋の力を抜くと、肺や胸郭の弾性圧により肺胞

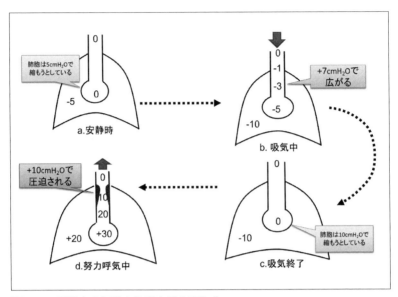

図 2-9　呼吸中の気道と胸腔内圧の変化 [1)]
（気道閉塞のメカニズム）

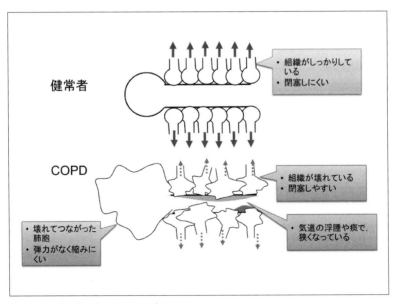

図 2-10　気道閉塞のメカニズム

内圧が陽圧になり呼気が行われます。このとき努力呼気を行うと、胸腔内圧（+20 cm H$_2$O）が高くなり、肺胞の弾性圧（吸気時の圧と同じ10 cm H$_2$O）が加わり肺胞内圧は +30 cm H$_2$O となり、強い呼気が行われます。気道内圧は下流（口や鼻の方向）にいくほど低下するため、途中で胸腔内圧と等しくなる点（等圧点）が発生します。それより下流部分では、気道の外の圧のほうが、中の圧より高くなるため気道が狭くなります（図2-9 d）。

　我々健常者では、気道の構造がしっかりしているので狭窄はわずかです。しかし、気管支喘息では気道の中が腫れて狭くなり、COPDでは気道を広げる組織が壊れているため、外からの圧に耐えられず気道がつぶれてしまいます（図2-10）。したがって、末梢気道の病気であるCOPDや気管支喘息は呼気時に気道が閉塞、狭窄するので、息を吐くのに時間がかかり、1秒率が低下することになります。また、呼気の後半になると気道内圧がより低下するため、閉塞が起こり気流がさらに低下します。したがってCOPDのフローボリューム曲線の後半部分の気流が著明に低下し、下に凸の形になります（図2-8）。

2）肺拡散能力検査

　被験者に低濃度の一酸化炭素（CO）を最大呼気位から最大吸気位まで一気に吸入させ、約10秒間息こらえをさせて、どの程度COが肺から血液に拡散しているか測定する方法（1回呼吸法）が、肺の拡散能力の検査として最もよく用いられています。拡散能力は、標準値に対する割合として%DLCOで表され、一般的に80％以下を異常としています。

　拡散には、肺胞と血管の接触面積や肺間質の厚さが影響するため、接触面積が減少する病態（COPDなど）や肺間質が肥厚する病態（間質性肺炎など）では、拡散能力が低下します（図2-2）。

3）高齢者における肺機能の低下

　肺機能は加齢の影響を受けるため、肺活量や1秒量などほとんどの指標の予測式に年齢が含まれています。では、なぜ加齢の影響を受けるのでしょうか？　これには、年齢による肺、胸郭、呼吸筋などの変化が影響しています。

加齢により肺胞に近い部分が拡張し、肺胞の表面積が減少します（細かい肺胞の構造が粗くなる）。これによってガス交換をする部分が減るので、拡散能力が低下し、血中の酸素が低下しやすくなります（図2-2）。また、気道を支える部分が弱くなり、COPDのように呼気時の気道閉塞が起こりやすくなります（図2-10）。十分に息が吐けないため、残気量が増加します。また胸郭は加齢のために円背などの変形を起こしやすく、硬くなり広がりにくくなります。胸郭は広がりにくいのに残気量が増えるので、肺活量は低下することになります。このようにCOPDと似た変化を示しますが、病気ではないので程度は軽いです。また呼吸筋力は、他の骨格筋同様に加齢により低下しますが、呼吸は常に行っているので低下の程度は少ないとされています。

4）肺機能と運動パフォーマンスとの関係

　一般の健常者では、運動終了時の最大換気量はMVVよりも低く、換

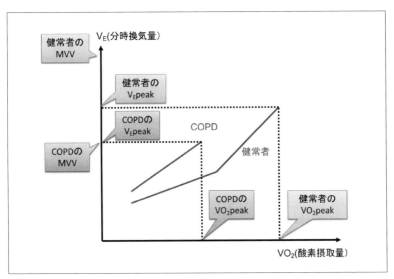

図2-11　運動中の換気応答
運動終了時の換気量は、健常者では換気能力（MVV）の70％程度と余裕があるが、COPD患者では、ほぼ最大値に達しており、換気が限界に達している。
（栗原直嗣, 1988）

気には余裕があると考えられていましたが、第1章の通り運動終了時には呼吸筋も疲労しており、現在では運動制限因子のひとつとして考えられています。

　一方、肺機能が低下している場合は、呼吸機能がより運動パフォーマンスに影響してきます。まず、呼吸疾患患者では、運動終了時の換気量はほぼMVVに達しており、換気制限が直接的に運動を制限しています（図2-11）。また、拡散障害を伴う場合は、運動時の低酸素血症も大きく影響することになります（図2-3）。したがって呼吸器疾患では、呼吸筋トレーニングや機械的な換気補助、酸素療法などを行い、換気制限や低酸素血症に対応しています。

　では、換気制限は肺疾患だけの問題でしょうか？　当然ですが、運動するにはエネルギーが必要で、そのほとんどが酸素によって得られています。その入り口である肺の機能は当然大事です。しかし、肺から得られた酸素は、血管に入り、心ポンプによって筋肉へ運ばれ、そこで有酸素代謝によってエネルギーが得られます。したがって、心機能が低下した場合は、筋肉へ十分な酸素が届かないため、乳酸が蓄積します。また、運動筋のタイプⅠ線維（赤筋）が少ない場合は、酸素が届いても十分に使うことができずに、乳酸が蓄積します。乳酸の蓄積は血中のpHを低下させるため、これが換気を刺激することになります。つまり、心臓や筋肉の機能が低いと、同じ運動でも余計な換気が必要となり換気制限が起こりやすくなります（図2-12）。逆に肺機能は低くても、心臓や骨格筋の機能が高いと換気亢進は抑制され、運動パフォーマンスを高くすることが可能になります。

呼吸困難感とは

　呼吸困難感とは、「呼吸に伴う不快な感覚」とされ、「息が吸えない感じ」「胸が締めつけられる感じ」「もっと空気が欲しい感じ」など、異なる複数の感覚があります。呼吸困難感は異常なものと考えがちですが、我々健常者でも運動時には呼吸困難（労作時呼吸困難）を経験します。つまり軽い労作にもかかわらず呼吸困難を感じることが異常（病的）であり、その代表的なものが呼吸器疾患ということになります。

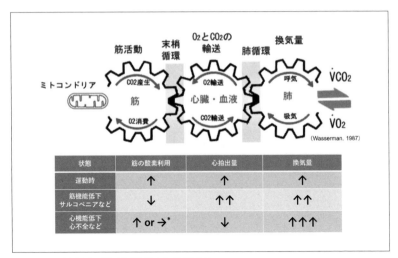

図2-12 筋および心機能低下と換気応答

筋機能、心機能のいずれの低下でも、酸素供給のために代償的に換気が増える。

＊心不全患者では、骨格筋機能低下も生じやすく、代償的な酸素利用が得られにくい場合もある。

＊呼吸器疾患患者では、換気機能が低下しており、早期に換気が限界となる。

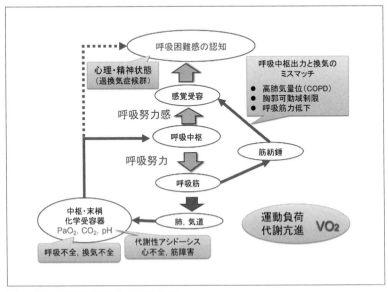

図2-13 呼吸困難感のメカニクス

1）呼吸困難感のメカニクス

　呼吸困難感は、低酸素血症などを感知する化学受容器や、呼吸筋などの活動を感知する機械的受容器、またそれらの情報が呼吸中枢へ伝わることなどによって感じられると考えられています。このメカニクスには複数の説があるため、代表的なものを図2-13に示して、以下に解説します。

化学受容器

　動脈血液ガスの変化は化学受容体で感知されて、その情報が呼吸中枢に伝わって換気を調節しています。受容器には、中枢化学受容体と末梢化学受容体があります。中枢化学受容体は延髄にあり、動脈血二酸化炭素分圧（$PaCO_2$）の上昇やpH低下で換気を促進します。末梢化学受容体は頸動脈にあり、動脈血酸素分圧（PaO_2）の低下で換気を促進します。つまり、O_2低下やCO_2上昇、pHの低下自体が換気を亢進させ、呼吸困難感を引き起こしていると考えられています。ただしこれらには「慣れ」が存在しており、同じ程度の低酸素や高二酸化炭素血症でも呼吸困難感は変化します。

機械的受容器

　気道、肺、胸壁に存在しています。とくに胸壁にある肋間筋などの呼吸筋の活動は、その中の筋紡錘が感知し、呼吸困難感に影響すると考えられています。

Motor command theory

　前述の化学受容体などからの情報が呼吸中枢に伝わり換気が必要だと判断されると、その情報は呼吸筋への指令（運動命令：Motor command）となり換気が亢進します。このMotor commandのコピーが大脳へ伝わり呼吸困難感として感知されると考えられています。呼吸努力が強いと呼吸困難感も強くなる、つまり呼吸努力感が呼吸困難感を表しているとする説で、現在最も支持されています。

呼吸中枢出力と換気のミスマッチ

　これは、呼吸努力に対して得られる実際の換気量が少ない場合に、呼吸困難感が感知されるという説です。つまり運動などで換気需要が高まると、呼吸中枢からの指令により呼吸筋が活動するが、この活動のわりに十分に換気が得られない場合に、呼吸困難感を感じるという説です。たとえば健常者が1回換気量（約500mL）を吸うのに自分の呼吸筋力の10％の力が必要だったとします。このとき、気道抵抗を2倍に上げる器具をつけると、20％の力を必要とすることになり、同じ量の息を吸うために余分な力が必要になります。また、胸郭をベルトで締め付けたりすると通常よりも余計な力が必要となるため、息切れが強くなります。つまり、気道が狭くなる病気や呼吸筋力が低下している、または肺や胸郭が硬くなっている場合は、余計な力が必要になり息切れをより感じるのです。

　また横隔膜の位置によっても影響を受けます。これは皆さんに試してもらいたい実験です。最初に普通に息を吸ったり、吐いたりしてみてください。どうですか？　全く息切れはないですよね。では、次に息を一杯吸ってください。その吸った状態を基準にして、息を吸ったり吐いたりしてみてください。どうですか？　少し息苦しくなったのではないでしょうか？

　息を吸った状態（高肺気量位）が基準なので、横隔膜は最初から下がっています。横隔膜が下がると、通常ドーム型をした横隔膜は平坦化するためドーム半径（r）は大きくなります。このとき、同じ力（T）で横隔膜を収縮させても、ラプラスの法則（$P = 2T/r$）から、ドーム半径の大きい高肺気量位では、肺を膨らます圧力（P）は小さくなり、頑張ってもなかなか息が吸えないことになります（図2-14）。これは、COPDや気管支喘息など息を吐きにくい閉塞性疾患と同じ状況が起きているのです。

　また、この現象は運動時に生じやすくなります。図2-15は運動時の1回換気量と肺気量分画の変化を示しています。健常者では、運動強度が上昇すると、しっかり吐いてしっかり吸うので1回換気量を増やすことができます。一方、閉塞性疾患は呼気時に気道が閉塞するため、吐き切らないうちに息を吸う、次も吐き切らないうちに息を吸う、それが繰り

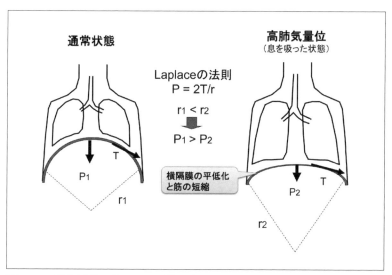

図2-14　肺気量位の違いによる横隔膜の効率[2)]

（P：吸気圧，T：収縮力，r：ドーム半径）

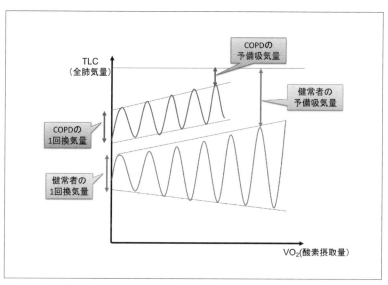

図2-15　運動時の換気と肺気量分画の変化

COPD患者では、気道閉塞のために呼気が不十分で吸気が行われるため、徐々に肺が過膨張していく現象（動的肺過膨張）が起こり、息切れを悪化させる。

返されると肺がだんだんと膨れてきます（動的肺過膨張）。そうなると頑張って息を吸ってもなかなか換気が得られない（予備吸気量が少ない）状態となり、息切れがひどくなるのです。これも体験できるので、ぜひ自分で試してみてください。喘息の発作状態がイメージできます。

心理・精神的要因

呼吸困難感は感覚なので、心理・精神的状態の影響を強く受けます。呼吸困難感の原因は前述の通りO_2低下やCO_2上昇などがあり、換気努力の程度や、その効率が影響します。しかし感じ方はそれぞれです。わずかな低酸素でも著明な息切れを訴える人もいますし、著明な低酸素血症でも平気な人もいます。また不安が強い人は息切れを強く感じやすいこともあるようです。逆に、呼吸器疾患では息切れのため不安傾向が強いことも報告されています。

このように、呼吸困難感は心理・精神状態に大きく影響を受けるので「この息苦しさは大丈夫だ」と安心させることも治療として有効です。また、運動療法を続けると息切れにも慣れてくるので、運動療法自体が息切れ改善のトレーニングにもなります。

2）呼吸困難感の改善方法（図2-16）

化学受容器による呼吸困難感に対して

低酸素血症については、その原因についてアプローチします。肺疾患であれば、その疾患自体の治療や酸素療法などが代表的なものになります。高二酸化炭素血症については、$PaCO_2$は換気によって決まるので、呼吸筋トレーニングや胸郭のストレッチなどで換気能力を高めることが有効です。ただし、健常者では$PaCO_2$の上昇はあまり見られないので、これらのトレーニングは次の「呼吸中枢出力と換気のミスマッチ」の改善方法として用いられています。

pHの低下（アシドーシス）は、換気不全だけでなく、骨格筋障害や心不全でも生じます。有酸素能力の高いタイプⅠ線維が少なくなると、運動時に解糖系が優位となりpHの低下が生じます。したがって骨格筋のトレーニングや全身の持久力トレーニングをすることによって有酸素能力を高め、息切れの軽減を図ることが可能です。また心不全では、運

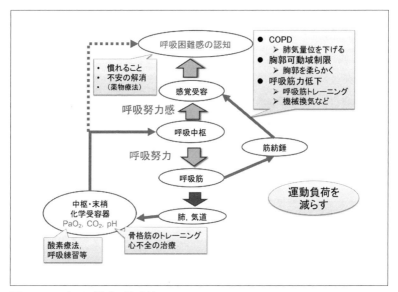

図 2-16　呼吸困難感の治療法

動筋に動脈血を十分に供給することができなくなりpHが低下します。つまりpHの低下については、骨格筋のトレーニングや心不全の治療を行うこと自体が、呼吸困難感の軽減につながります。

呼吸中枢出力と換気のミスマッチによる呼吸困難感に関して

　肺の過膨張により生じている場合は、息を吐かせること自体が必要です。口すぼめ呼吸は、呼気時に口を軽くすぼめることで、気道内圧を上げて気道閉塞を改善します。これによって呼気量が増えるため過膨張を軽減します。気管支拡張薬を適宜用いることも肺の過膨張軽減に有効です。また気管支拡張薬は気道抵抗を低下させるため、呼吸仕事量を軽減し、これも息切れの改善につながります。

　高齢者など胸郭が硬い場合は、いわゆるストレッチ体操などが有効です。理学療法士などが徒手胸郭伸長法を用いることによって、その効果も報告されています。呼吸筋力の低下に関しては、呼吸筋トレーニングが有効です。ただし、安静時から肩で息をしているような場合は、呼吸筋疲労のサインなので休息が必要です。この場合は呼吸筋トレーニング

の適応にならないので十分に注意してください。

過換気症候群の呼吸困難感について

　過換気症候群による呼吸困難は、低酸素血症やpHの低下といった化学受容器の影響や、頑張っているわりに換気ができないという呼吸中枢と換気のミスマッチによるものではありません。原因は、ストレスや不安などの心理的要因で、若い女性で起こりやすいとされています。

　メカニズムとしては、この心理的ストレス自体が呼吸中枢を刺激して過換気を引き起こします。過換気はMotor command theoryで説明した「呼吸努力感」を生じさせ、これによって呼吸困難感を引き起こします。これだけならよいのですが、過換気になると呼吸性アルカローシス（過換気によって$PaCO_2$が減少し、pHが上昇する）となり、手足の痺れや痙攣（テタニー症状）、めまい、動悸、意識障害などを引き起こし、より不安を悪化させ、パニックとなり、それ自体がさらに換気を亢進させるといった悪循環を引き起こします。

　したがって、対処法として最も大事なのは不安の解消です。「大丈夫ですよ。すぐに治まりますよ。少しゆっくり息をしてみましょう」といった声掛けで不安を解消させ、少しずつ換気を減らしていくことが重要です。繰り返して発作を起こす場合は、不安解消のためのカウンセリングを受けたり、こうやったらパニックを起こさずに済んだという成功体験を重ねること（認知行動療法）などによって改善が期待できます。それでも繰り返す場合は、薬物療法なども検討することになります。以前は、紙袋を患者の鼻と口に当てて、自分の呼気を再呼吸することで$PaCO_2$を増加させ、呼吸性アルカローシスの改善を図るペーパーバッグ法が行われていました。しかし、袋をしっかり当てすぎると低酸素血症となりやすいため、現在ではあまり推奨されていません。

　この章では呼吸（換気とガス交換）のメカニクス、呼吸機能、運動パフォーマンスへの呼吸機能の影響、そして呼吸困難感について解説しました。理論的な部分が多く、退屈した人もいるかもしれませんが、呼吸機能、呼吸困難感などは、本書のテーマの呼吸筋トレーニングを考えていくうえでとても重要です。後半の実技編での具体的なトレーニング法

へ活かしてください。

[参考文献]

1）John B.West（著）、桑平一郎（訳）：ウエスト呼吸生理学入門　正常肺編、メディカルサイエンスインターナショナル、2009

2）田平一行：呼吸器系の生理。内部障害理学療法学（標準理学療法学 専門分野）、吉尾雅春, 高橋哲也（編）、医学書院、2013

3）田平一行：22章呼吸障害。理学療法ハンドブック、第1巻 理学療法の基礎と評価、細田多穂、柳澤 健（編）、協同医書、2010

4）栗原直嗣、仲岡裕右：胸部疾患と運動負荷試験、日本医事新報. 3363: 8-12, 1988.

なぜ呼吸筋を鍛えることが
記録向上につながるのか

山地啓司

呼吸筋を鍛えることは、運動中効率よく多くの空気や酸素を体内に取り込むことを可能にします。本章では、このことがなぜ呼吸筋のパワーや持久性を高め、パフォーマンスを高めることに結びつくかについて考えてみましょう。

持久性の運動能力を高めるために
なぜ呼吸筋トレーニングが必要か

全身持久性のパフォーマンス（記録・勝敗・成績）を決定するのは、エネルギーの出力の大きさ（最大酸素摂取量：$\dot{V}O_2max$）とその維持能力（酸素摂取水準：$\%\dot{V}O_2max$）、およびこのエネルギーの出力を、いかに巧みに運動のパフォーマンスを高めるために使うかのランニングの経済性です。[1]

$\dot{V}O_2max$ は体重と密接な関係があるので体重1kg当たりの相対値で評価します。ちなみに、日本人の体重1kg当たりの $\dot{V}O_2max$ は成人男性が40〜45mL/kg/min、女性が35〜40mL/kg/minに対して、陸上競技の長距離種目のトップ選手では、男性が80〜85mL/kg/min、女性が70〜75mL/kg/minと、持久性を競う選手の $\dot{V}O_2max$ は一般人に比べ約2倍近くになっています。日本人のトップ選手はケニア人のトップ選手と体重1kg当たりの $\dot{V}O_2max$ の大きさはほぼ同じです。$\dot{V}O_2max$ が発現するのは約1500〜3000mを全力走したときですが、それよりも長い距離のレース（>5000m）では $\dot{V}O_2max$ とその維持能力（$\%\dot{V}O_2max$）の積の大きい選手が有利になります。たとえば、マラソン走行時の日本

人のトップ選手の%$\dot{V}O_2$maxは概ね75〜80%ですが、ケニア人のトップ選手は85〜90%です。したがって、日本人とケニア人の$\dot{V}O_2$maxに差がないことから、マラソンの記録の差は走行中の%$\dot{V}O_2$maxの差が現れたものと考えられます。

$\dot{V}O_2$maxは、呼吸、心臓、赤血球やヘモグロビン、血管の分布状態、活動筋の代謝能など、実に多くの内臓器官・組織や筋肉によって決定されることから、その70〜80%の能力は素質的な要素に負っています。たとえば中学入学時から専門的に長距離トレーニングを開始したとすると、7〜10年(大学生)で潜在能力の95%以上がすでに開発されていると思われます(その間のトレーニングによる$\dot{V}O_2$maxの改善率は最大約20〜30%です)。これから記述する呼吸筋トレーニングは$\dot{V}O_2$maxや心臓の容量や機能の改善には直接関与しません。主に影響するのは%$\dot{V}O_2$maxとランニングの経済性の2つの要素です。

呼吸筋トレーニングの必要性や効果について誤解されやすい点があります。たとえば、ある指導者は「呼吸筋はインターバルトレーニングやタイムトライアルなど、高強度でハイスピードのトレーニングをすることで十分鍛えられているので、いまさら呼吸筋のトレーニングをする必要はない」と断言します。確かにこの言葉には一理ありますが、呼吸の特性が見落とされているような気がします。呼吸は心臓と同じように休みなく働き続けています。運動時の心臓の活動を、心拍出量でみると安静値の約3〜5倍(約5〜25L/min)の範囲内で働いていますが、肺の換気量の活動は安静値の10〜20倍(約10〜200L/min)の範囲の働きが可能です。そのため、心臓の活動は普段のトレーニングでも簡単に90%以上まで高まりますが、肺は高まったとしても約70〜80%あたりまでです。したがって、呼吸筋の活動は心臓に比べ強化不足に陥りやすくなります。このため呼吸筋にはランニングのトレーニングだけでなく、別途時間を割いてより高強度の刺激を与える必要があります。

＊1：効率は物理的に定義づけられています。ランニング中になされる
　　仕事を定量化するのが難しいことから、一般にランニングの経済
　　性という言葉が使われます。

呼吸筋と四肢（腕や脚）の筋肉にみられる
血液の競合（血液の奪い合い）

　呼吸によって肺に取り込む1分間の空気量を肺換気量（$\dot{V}_E$）と言います。たとえば、ある強度から1分ごとに運動強度を高めていき、もうこれ以上走れない状態（オールアウト）に達するまでの1分間の肺換気量（$\dot{V}_E$）の増加曲線は概ね図3-1のようになります。$\dot{V}_E$は約80〜90mL/minまでは直線的に高まり、それ以降は指数関数的に高まります。仮に、$\dot{V}_E$が90L/minに達したときの呼吸筋の酸素消費量は、その時点での全身で使われるトータルのエネルギー消費量の約4％です。その後呼吸筋の酸素摂取量は指数関数的に増加し、$\dot{V}_E$が約180mL/minになってオールアウト（疲労困憊ともいう）に達したときの酸素摂取量は、トータルエネルギー消費量の約10〜16％になります（図3-1）。

　$\dot{V}_E$が最大値の約80％以上になると、酸素摂取量（$\dot{V}O_2$）や心拍出量にはすでに定常状態が現れ、徐々に上限に達しますが、これらに定常状態が現れ始めた以降に呼吸筋で消費されるエネルギー（$\dot{V}O_2$）はどこから

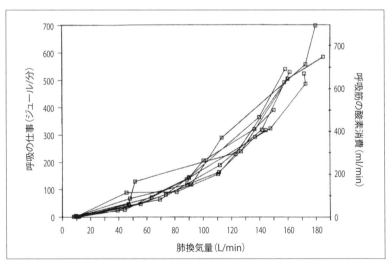

図3-1　肺換気量（L/min）と呼吸の仕事（joules/min）との関係
Aaron et al（1992）から得られた式（$\dot{V}O_2$：L/min）＝ 0.081 ＋ 0.001（運動中と安静時の呼吸の仕事との差）を用いた呼吸筋の酸素消費量。(Johnson et al, 1992)[1]

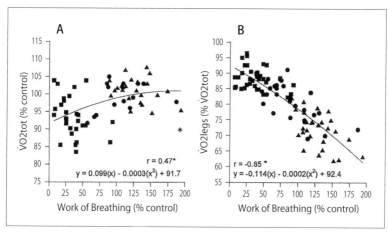

図3-2 A：呼吸の仕事の割合に対する酸素摂取量が発現したときの呼吸筋で消費されるトータル酸素摂取量の割合。B：呼吸の仕事の割合（コントロール値：100%）に対する脚筋で消費されるトータル酸素摂取量の割合。ただし、呼吸抵抗を増加した場合（▲）、軽減した場合（■）、コントロール（●）を示す。* 有意差　P<0.05.（Harms et al, 1997)[2]

くるのでしょうか。

　米国のウィスコンシン大学のJohnson et al（1992)[1]は、血流配分は生命に直接関与する器官・機能が優先されるため、呼吸筋が疲労して血流量や酸素が不足してくると呼吸筋に優先的に血液が配分され、末梢の四肢の筋肉（活動筋）への血液量や酸素の配分量が制限されると推測しました。Johnson et al（1992)[1]はこれを呼吸筋の「盗血作用」[*2]と呼びました。

　Johnson et al（1992)[1]が名づけた「盗血作用」を科学的に証明したのは、1997年同大学のHarms et al（1997)[2]です。彼らは比例補助換気法（PAV）を用いて、自転車駆動中に呼吸抵抗を増減することによって、活動筋に流れる血液量や摂取する酸素摂取量の変動を調べました（図3-2）。その結果、呼吸筋の活動水準が高まるのに伴って、呼吸筋の

＊2：「盗血作用」をヒエラルキー（Hierarchy：階級序列）と呼ぶこともある。

血流量が多くなり始めると、脚の活動筋の血流量は減少し始め、逆に呼吸筋の活動水準が減少すると脚の血流量が増加することを実証しました。

同大学のDempsey et al（2002）[3] はこの「盗血作用」が呼吸筋の酸素不足に伴う反射（呼吸筋代謝性反射）によるもので、活動筋の血管収縮（血流減少）が活動筋の疲労を早め、持久性の運動を制限することを明らかにしました。

Dempseyを中心としたこれらの一連の研究報告は、85%$\dot{V}O_2$max以上の高強度の運動では呼吸筋の酸素需要が優先され、その結果、活動筋の四肢の筋肉への血流量が制限され、骨格筋の疲労を早めることを証明する画期的な報告でした。この見解はノーベル賞博士の英国のAV. Hill et al（1924）[4] が述べた「全身持久性の制限因子が心臓血管系（酸素運搬）にある」という考えに、「呼吸筋も全身持久性の制限因子のひとつである」という一言を加えるものでした。また、マラソン走行時の心臓血管系の活動水準を各機能の最高値のパーセンテージで示すと、心臓血管系の機能水準は最大値の90%以上を占めるにもかかわらず、肺機能の活動水準は約70%とまだ十分余裕があることから（図6-3参照）、米国のボールステイト大学のFoxとCostill（1972）[5] による「肺機能は全身持久性の制限因子にはならない」という言葉を覆すものでした。ちなみにマラソンレースの場合には25〜30kmを過ぎると肺換気量と呼吸数が増加し呼吸効率が低下します。そのため呼吸筋の活動水準が高まり、脚筋への酸素供給量が低下します。

いずれにしろ、呼吸筋の疲労が反射的に活動筋の血管を縮小し、血流や酸素を制限することから、呼吸筋の疲労の出現の遅延や、疲労の程度を軽減させるために呼吸筋の強化が必要であることを示すものです。

運動誘発性呼吸筋疲労の生理的変動への影響

1）運動による呼吸筋疲労はいつどんなときに現れるのか

運動で引き起こされる呼吸筋疲労を、運動誘発性疲労と言います。1分間に肺に取り込まれる空気量（肺から吐き出す空気量と等しい）は、1分間の$\dot{V}_E$として表されます。$\dot{V}_E$は1回の呼吸で吐き出す空気量（1

回換気量：V_T）と呼吸数（f_r）との積です。運動強度を漸増的に高めていくと呼吸が深く、頻度が多くなります。V_Tとf_rはある強度までは強度に比例しながら増加しますが、やがてV_Tはピークに達し、定常状態あるいは低下を始めます。これを補うようにf_rの増加率が高まり、$\dot{V}_E$は指数関数的に増え続けます（図3-1参照）。このV_Tが低下する時期と吸気筋の横隔膜が疲労する時期とがほぼ同期して現れると推測されます。f_rと$\dot{V}O_2max$との間には密接な関係は認められませんが、V_Tのピーク値は乳酸性閾値（LT）やマラソン走行中の%$\dot{V}O_2max$と密接な関係があります。横隔膜が疲労してくると他の呼吸筋の外肋間筋や肋間挙筋、あるいは補助筋の前鋸筋や小胸筋などが動員され始めV_Tの維持を助けますが、それにも限界があるためV_Tがむしろ低下し、その後はf_rの高まりによって$\dot{V}_E$は増加し続けます。

　呼吸には腹式呼吸と胸式呼吸がありますが、運動強度を漸増的に高めていくと乳酸性閾値（LT）が発現する頃までは、吸気は腹式呼吸（横隔膜）で鼻呼吸が中心だったものが、LT点を超える頃から胸式呼吸も加わり、鼻呼吸と口呼吸が同時に行われます。

　このように運動強度が高まるにつれ呼吸の仕方に変動がありますが、呼吸疲労がいつから出現するかを科学的に調べるためには、測定のたびに被験者の運動を中止しなければならないことから、これまでに研究報告が見当たりません。さらにこの究明を難しくしているのは、安定した$\dot{V}_E$を維持するために、呼吸に関与する多くの筋肉が相互に補完し合っており、しかも、個人差が大きいことです。

　いずれにしろ、呼吸筋の疲労には運動の強度と時間が深く関係しており、呼吸筋に疲れを感じるのは呼吸数が多くなることでリズムが乱れ、スムーズな呼吸がしづらくなったときです。

2）運動前の呼吸筋疲労が生理的反応とパフォーマンスに与える影響

　呼吸筋疲労による呼吸機能の働きやパフォーマンスへの影響を調べるために、意図的に呼吸抵抗を増やした過呼吸（CO_2を多く含んだ混合ガスの呼吸の繰り返し：リブリージング）を行うことで呼吸筋を疲労させ、その後タイムトライアルや、一定負荷での運動を行うことによって呼吸筋の生理的反応や、パフォーマンスへの影響が調べられています。

たとえば、インディアナ大学のMartin et al（1982）[6]の実験では、静止の状態で15分間ごとに5分間の休息を挟みながら（合計150分間）過呼吸を行い呼吸筋を疲労させた後、一定の負荷で最大作業（自転車エルゴメータ）を行ったときの最大持続時間が7分34秒から6分31秒まで短縮しています。また、オールアウト時の1分間の$\dot{V}_E$は123.8L/minから116.5L/minに、$\dot{V}O_2$maxは3.24L/minから3.07L/minへとそれぞれ減少しています。この実験はタイムトライアル前に呼吸筋を疲労させておくと、タイムトライアル時に脚への血流量が阻害され、脚の疲労が早く現れ、パフォーマンスに悪影響を与えることを実証したものです。このときのパフォーマンスの低下は呼吸の換気能と酸素の摂取能、および呼吸効率$\dot{V}_E/\dot{V}O_2$が低下したことが原因と考えられます。

　逆に呼吸筋の働きを軽減すると生理的現象やパフォーマンスにどのような影響を与えるのでしょうか。よく使われる方法は空気中の窒素（N_2）ガスに代えてヘリウム（He）ガスを入れた混合ガス（21%O_2＋79%He）を呼吸すると、分子量が小さいHe混合ガスでは呼吸抵抗が少なくなります。$\dot{V}O_2$maxが出現したときのスピードでの最大運動持続時間を比較したところ、ヘリウム混合ガス呼吸はノーマルガス（21%O_2＋79%N_2）呼吸に比べ$\dot{V}_E$（−12.9%）と$\dot{V}O_2$max（−8.6%）がそれぞれ減少するにもかかわらず、最大運動持続時間は約40%延長しました。このことは呼吸抵抗の軽減による呼吸筋の疲労出現の遅延と疲労の軽減によって、脚筋の疲労が遅延しパフォーマンスに好影響を与えたと考えられます。

3) 呼吸筋の疲労は運動強度と時間の影響を受ける

　表3-1はランニング時に呼吸筋疲労が出現するスピード（%$\dot{V}O_2$max）と、そのときの持続時間（記録）を示したものです。85%$\dot{V}O_2$max以上の走スピードで全力走するとフィニッシュ時には呼吸筋は疲労しています。またマラソンやウルトラマラソンなどのレースでは70～85%$\dot{V}O_2$maxの強度で走行するとフィニッシュ時には呼吸筋に疲労が現れています。ただし、これらはフィニッシュ時に測定したもので、おそらくもっと早い段階で呼吸筋疲労が出現していると推測できます。

　しかし、スピードと距離に対する呼吸筋の疲労度は競技者の競技水準

表3-1 呼吸筋の疲労臨界を招く強度と時間

著者（年号）	運動強度	運動時間	被験者特性
Vogiatzis et al. (2006)	90%$\dot{V}O_2$max<	約20分	米国自転車競技（ナショナルチーム）
Johnson et al. (1993)	85と90%$\dot{V}O_2$max<	85% 31±8分 90% 14±3分	健康な若者 同上
Babcock et al. (1995)	85%$\dot{V}O_2$max<	約25分	同上
Babcock et al. (2002)	80〜85%$\dot{V}O_2$max<		同上
Boussana et al. (2002)	75%$\dot{V}O_2$max		トライアスロン
Ross et al. (2008)	75%$\dot{V}O_2$max		
Bosch et al. (1990)	70%$\dot{V}O_2$max	マラソン（3時間）	ランナー
Ross et al. (2008)	70%$\dot{V}O_2$max	マラソン（3時間）	ランナー

運動強度からみると呼吸筋疲労の出現の臨界点は85%$\dot{V}O_2$maxである。70~80%$\dot{V}O_2$maxの強度の運動でも長時間行うことによって呼吸筋疲労が現れる。
(Holm et al, 2004)[7]

や競技歴、当日の体調、気象条件やコース特性などによって変動しますので、呼吸筋の疲労の発現の時期は実際にはよくわかっていません。おそらく調子が悪いと感じるレースでは呼吸筋の疲労が早く現れ、それだけ脚筋への血流量が減少して疲労を早めると想像されます。

呼吸筋トレーニングでは、呼吸筋の筋力の指標は最大吸気・呼気口腔内圧（PImax・PEmax）が、また、呼吸筋の持久力の指標は最大自発的換気量（MVV$_{12}$）がそれぞれ用いられます（表3-2）。その他、呼吸筋の持久性の疲労は最大換気維持能力（maximal sustainable ventilatory capacity：MSVC）で測定されます。一般に、高強度>85%$\dot{V}O_2$maxのレースでは呼吸筋の筋力に、<85%$\dot{V}O_2$maxのマラソンなどの超長距離のレースでは呼吸筋の持久性能力にとくに低下が認められますが、感覚的には疲れたことを知覚できても、それがどちらの疲労かはっきり区別できません。そのため、その両者の疲労を明確に区別するためにはスパイロメーター（呼吸機能測定器）を用いて、PImax・PEmaxとMVV$_{12}$を測定します。しかし、測定機器がない場合には体調がよいときと悪いときの前・後のトレーニング内容を比較してみると、呼吸筋の筋力の疲労か、それとも持久性の疲労かが見えてきます。試してみてください。

表3-2　トレーニングによる呼吸筋の反応

	コントロールグループ	筋力トレイナーズ	持久性トレイナーズ
FRC における呼吸筋力			
PEmax（最大呼気口腔内圧）	4 ± 6	57 ± 9 *	10 ± 9
PImax（最大吸気口腔内圧）	-2 ± 6	54 ± 16 *	9 ± 13
肺容量			
TLC（全肺容量）	0.7 ± 1.3	4.6 ± 1.4 *	1.9 ± 0.8
VC（肺活量）	-0.3 ± 2.2	3.6 ± 0.8	4 ± 6
維持可能な換気能			
%MVV（% 最大自発的換気量）	4.5 ± 1.5	3.8 ± 1.5	15 ± 5.0 *
MVV_{12}（最大自発的換気量）	0.8 ± 4.0	2.0 ± 0.7	14 ± 4.7 *

ただし、値はΔ % ± SE。　□で囲まれた部分は有意な変化が認められる項目である。
＊統計的に有意な差があることを示す。
（Leith and Bradley. 1976）[8]

呼吸筋トレーニングの
デバイス・強度・頻度・時間・期間

1）デバイス（トレーニングで用いる呼吸機器）

　呼吸筋トレーニングには、①一定の抵抗（負荷）をつけた状態での、二酸化炭素再呼吸法（人工的にO_2とCO_2の濃度をコントロールしたガスのリブリージングを30分間連続して行う方法）と、②市販されているデバイス（たとえばパワーブリーズやスパイロタイガーなど多数ある）を用いて一定の呼吸リズムで過呼吸を行う方法が用いられています。また、③専門的なトレーニングをしながら同時に呼吸筋のトレーニングを行うためには、医療用マスクやノーズクリップなどを用いて呼吸抵抗を増す方法が用いられます。ただし、ノーズクリップを用いる場合には口呼吸になるので、空気中の細菌などの浮遊物、唾を呑み込む際の鼓膜への衝撃、冬季では冷気を直接肺に吸い込むなどの衛生・健康上の問題があります。二酸化炭素過呼吸法はトレーニング機器が固定されているので研究室では自転車エルゴメーターを用いた自転車駆動時に使われます。市販されているポータブルの機器を用いたリブリージング法は比較

的「何時でも、どこでも、誰でも」できることから世界的に広く使われています。二酸化炭素過呼吸法と市販されているポータブルを用いるやり方は静止状態でリブリージングするのに対して、医療用マスクやノーズクリップはスポーツの専門的なトレーニングを行いながら同時に呼吸に抵抗を加えるものです。それぞれ一長一短があります。

これらのトレーニング法は、顔にフェイスマスクやマウスピース、あるいは医療用マスクなどを装着しますので、選手にとって呼吸のきつさや不快感などを伴います。著者が考える有効な方法には高所トレーニングをする際にインターバルトレーニングやレペティショントレーニングを積極的に行い、換気量を増やすことによって呼吸筋の強化を促す方法があります。問題は強度が高すぎると回復が遅れ、高所トレーニング本来の目的やスケジュールに支障をきたすので、少しずつ高強度のトレーニングを増やしていく方法が望ましいです。

2）対象者の特性

これまで対象者として持久性競技者、とくに、ランナーをイメージしながら記述してきましたが、呼吸筋トレーニングは健康維持・増進のためにも有効です。なぜなら、老化に伴って骨格筋と同様、呼吸筋も筋力や弾性コイル（筋の弾力的跳ね返り）が弱くなります。たとえば、新型コロナウイルスが蔓延してよく耳にする「老人が感染すると重篤化する」というのは、加齢に伴う呼吸筋の筋力や弾力性の低下が懸念されるからです。ウイルスに感染すると気道、気管支、肺の一番奥にある肺胞などが炎症を起こし、気道の内腔を狭くします。また肺胞膜の炎症（細胞膜の肥厚）が肺胞から肺毛細血管血へのO_2の拡散（移動）を阻害するため全身の酸素不足を招きます。重症化すると人工呼吸器や人工心肺装置（ECMO）の助けを借りなければならなくなるというのが、とくにこの新型コロナウイルスの特性でもあります。感染症は風邪やインフルエンザなど数多くあります。呼吸筋トレーニングは呼吸筋の老化を遅延するのに有効ですので、その他の感染症にも有効と考えられます。また、食べ物が気道に誤って入る誤嚥や咳嗽（せき込むこと）などの呼吸障害の防止にもなります。とくに女性は男性に比べ全身の筋力が弱いだけに呼吸筋トレーニングの効果は男性以上に大きいと思われます。

3) トレーニングの強度・時間・頻度

　前述のように、普段の高強度のトレーニングによって呼吸筋は強化されています。しかし、それだけでは十分だとは言えません。他のスポーツと同様により大きな呼吸筋のパワーやその維持能力を発揮し、より高度にパフォーマンスを高めようとするならば、呼吸筋の筋力トレーニングは不可欠です。特別に時間を割いて、呼吸筋トレーニングを特化して行わなければ、大きなパフォーマンスを期待することはできません。これまで多くの研究者によって呼吸筋トレーニングが行われています。

　健康な若者を対象にした、呼吸筋の筋力や持久性能力の生理的改善とパフォーマンス向上の具体的なトレーニング条件は、頻度が週3〜5回、時間が20〜30分、期間が4〜11週間の範囲です。これまでのトレーナビリティの水準をさらに高めるためには、これまでよりも高強度のトレーニングをしなければなりません。もしこれから競技記録の向上を目的に、呼吸筋トレーニングを始めようとする場合には週3回（隔日）、1日30分間実施することを勧めます。大事なのはトレーニング強度ですが、翌日に疲労感を残さない範囲内で実施してください。たとえば、最初のトレーニング時間を30分/日、頻度3日/週に固定し、吸気筋や呼気筋のトレーニングはPImaxやPEmaxの20%から始め、1〜2カ月ごとに5%ずつ高めてください。またMVV$_{12}$は50%MVV$_{12}$から始め1〜2カ月ごとに5%ずつ高めます。しかし、この場合の呼吸筋トレーニング強度はスパイロメーターがないと決められません。そこで、感覚的に最も楽なトレーニング強度から始め、馴れるにつれ漸増負荷的に強度を高めてください。一般に、吸気筋と呼気筋をセットで交互に行うことが望ましいのですが、デバイスの関係でそのいずれかを採用する場合には吸気筋のトレーニングを行ってください。

　ここで述べた呼吸筋トレーニング法には年齢・性差、競技歴などの体力のステージに対応したデバイスや強度・時間・頻度などの具体的処方が必ずしも明確にされていません。これらの個人の特性に見合ったトレーニング条件は選手個人の経験と感性を働かせて学習しながらルーティン化を図ってください。

呼吸筋トレーニングによる生理的改善と
パフォーマンスへの影響

　呼吸筋トレーニングは換気能を高め、%$\dot{V}O_2$max とランニングの経済性を高めることが目標です。すなわち、全身持久性を向上させる $\dot{V}O_2$max や全身に酸素を運搬する心臓血管系、あるいは、活動筋を強化することを意図するのではなく、むしろ、呼吸筋の疲労の出現を遅延させ、その程度を軽減することにあります。この種の呼吸筋の疲労感や呼吸困難感の知覚（主観的運動強度：RPE）は、ランナーが走行中のペースコントロールに直接影響を与えることから、記録や勝敗に与える影響は決して少なくありません。

　これまで自転車、マラソン、トライアスロン、水泳、ボートなど各種のスポーツに親しんでいる若者を対象にした呼吸筋トレーニングが報告されていますが、最近ではパフォーマンスの向上が多くのスポーツ種目で認められています。その一例として自転車競技の呼吸筋トレーニングのパフォーマンスの向上を図3-3に示しました。しかし、この報告はエ

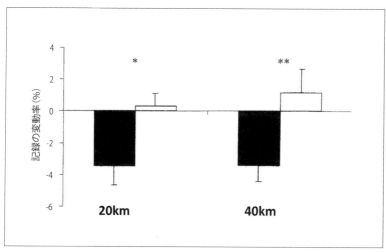

図3-3　6週間の呼吸筋とレーニングの前・後にみられる吸気筋トレーニンググループ（■）とシャムグループ（□）の自転車の20kmと40kmタイムトライアル・パフォーマンスの変動率（%）。(Romer et al, 2002)[9]

リートの競技者を対象にしたものではありません。

　そこで最近、我々は箱根駅伝出場を狙うチームのトップグループを対象に、パワーブリーズを用いた8週間・3回/週・30分/日の呼吸筋トレーニングを行いましたので、その結果を紹介しましょう。肺容量と呼吸機能ではMVV_{12}（L/min）、PImaxとPEmax（cmH_2O）に有意な改善が、また、最大酸素摂取量が出たときのランニング速度（$v\dot{V}O_2max$）における最大持続時間が2分58秒から3分54秒と有意な延長が認められました。この原因は、乳酸性閾値でのランニングスピード（vLT）と、その後のランニング中の呼吸効率（$\dot{V}_E/\dot{V}O_2$）の有意な改善によるものでした。すなわち、パフォーマンスの改善が%$\dot{V}O_2max$（vLT）とランニングの経済性の改善に負うことが明らかになりました。しかし、コントロール群ではすべての測定項目に有意な改善が認められませんでした。

まとめにかえて

　呼吸筋トレーニングの目的は、呼吸筋の運動誘発性疲労の出現遅延や程度を軽減することによって、ランニングの経済性の低下を防止しようとするものです。また、呼吸が楽に感じることは心理的に好影響を与えます。

　これまで呼吸筋トレーニングに関する研究報告（236篇）を厳選してメタ解析を行ったスイスのIlli et al（2012）[10] はレビューの中で、健康な者を対象にした呼吸筋トレーニング実験では、①スポーツの種類や呼吸筋トレーニングのタイプに無関係に持久性のパフォーマンスを改善する、②呼吸筋トレーニングのタイプでは、吸気筋と呼気筋の違いによるパフォーマンスの違いはないが、それらを合わせてトレーニングするほうが望ましい、③体力的に劣る者はすでに十分鍛えられた競技者よりもトレーニング効果が大きい（伸び代が大きい）、④呼吸筋トレーニングは呼吸筋疲労が始まる閾値（強度）の85%$\dot{V}O_2max$で行うよりも、強度を少し低くして長時間行うほうが持久性能力改善に適している、と結論しています。

　しかし、呼吸筋トレーニングを行ったすべての者が、呼吸筋が強化さ

れパフォーマンスを向上させるとは限りません。呼吸筋トレーニング用のデバイスを購入して見様見真似でトレーニングしても、うまくいかないものです。まず、自分の競技に必要な持久性能力を向上させるのに適したデバイスを選び、さらに、どの程度の負荷で1日にトータル何分間行い、それを週何回行うのが望ましいか、また、呼吸のリズムや、どの程度の速さで空気を吸い吐き出すのが望ましいかなどを十分理解して実施しなければ効果がないだけでなく、酸素過多症や過換気症候群に陥るかもしれません。初めて呼吸筋トレーニングを実施する場合には専門書を読んだり、専門家の意見を聞いて行うほうが安心です。

　本章では呼吸筋トレーニングの方法について、第4章と実践編に具体的に種目ごとのトレーニング方法を記述していますので参考にして下さい。

[参考文献]

1) Johnson BD, et al. (2002) Mechanical constrains on exercise hyperpnea in endurance athletes. J Appl Physiol. 73: 874-886.

2) Harms CA, et al. (1997) Respiratory muscle work compromises leg blood flow during maximal exercise. J Appl Physiol. 82: 1573-1583.

3) Dempsey JA, et al. (2002) Respiratory influences on sympathetic vasomotor outflow in humans. Respir Physiol Neurobiol. 130: 3-20.

4) Hill AV, et al. (1924) Muscular exercise, lactic acid and the supply and utilization of oxygen: parts I-III. Proc Royal Soc Bri. 97: 438-475.

5) Fox EL and Costill DL. (1972) Estimated cardiorespiratory responses during marathon Running. Arc Environ Health. 24: 316-324.

6) Martin B, et al. (1982) Exercise performance after ventilatory work. J Appl Physiol.: Respiratory Environ Exercise Physiol. 52: 1581-1585.

7) Holm P, et al. (2004) Endurance training of respiratory muscles cyclists. BMC Physiol. 4: 9. (http://www.biomedcentral.com/1472-6793/4/9)

8) Leith DE and Bradley M. (1976) Ventilatory muscle strength and endurance training. J Appl Physiol. 41: 508-516.

9) Romer LM, et al. 2002. Inspiratory muscle fatigue in trained cyclist effects of inspiratory muscle training. Med Sci Sports Exerc. 34: 785-792.

10) Illi SK, et al. (2012) Effect of respiratory muscle training on exercise performance in healthy individuals. A systematic review and meta-analysis. Sports Med. 42: 707-724.

呼吸筋を鍛える方法

山本正彦

ここまで、なぜ呼吸筋を鍛える必要があるのか、呼吸筋を鍛えることでどのような効果が期待できるのか、歴史的背景を交えて考えてきました。本章では、スポーツ現場の視点から呼吸筋を鍛える方法を見ていきます。

以前からあったマスクトレーニング

　新型コロナウイルス感染症によるパンデミックは、私たちの生活に大きな影響を及ぼしました。外出自粛する中、体力低下を防ぐためにウォーキングやランニングをする人を多く見かけるようになりましたが、一様にマスクやネックガードをして飛沫が飛ぶことを防止していました。筆者も布製マスクをしながら走りましたが、マスクによる息苦しさはとてもつらいものでした。

　マスクを装着してランニングすることは、実は今に始まったことではありません（写真4-1）。すでに1970年頃には（あるいはそれ以前）、中学生や高校生を中心に布製のマスクをしてトレーニングする長距離走や駅伝の選手がたくさんいました。この頃はディスポーザル・不織布のマスクが流通し始める前で、布製マスクが一般的だったのです。たとえば全国高校駅伝を目指すようなチームは、ウォーミングアップやジョギングなどの比較的軽度なトレーニングで布製マスクを装着していたように思います。当時は、その息苦しさが高地トレーニングの代わりになる、高地トレーニングと同様の効果が得られると説明する指導者がいたようです。当時、アベベ選手たち高地民族の活躍や1968年に開催され

56

写真 4-1　マスクを着用してトレーニングをする長距離選手

たメキシコオリンピックに端を発する高地トレーニングに注目が集まっていた頃です。ところが高地トレーニングを実施できるチームは少なく、高地トレーニングの代用となる何かはないかと指導者たちは知恵を絞っていた頃でもあります。それ故に息苦しいマスクトレーニング＝高地トレーニングという当時の発想につながったものと思われます。しかし高地トレーニングの目的は、低圧かつ低酸素環境でトレーニングをすることで、酸素不足から起こるエリスロポエチン（EPO）の増加、そのことによる赤血球数やヘモグロビン濃度を高めることにあります。さらにはミトコンドリアの増加や酸化系酵素の活性化をはじめとした多くの生理学的な効果が期待されます。しかしマスクトレーニングは、私たちの生活圏で行うとなると、標高で言えば海抜レベル（シーレベル）で常圧でのトレーニングとなります。すなわち、高地トレーニングの生理学的効果からすれば、マスクを装着して走ることと高地トレーニングを同一視することはできないのです。では、マスクをして走ることの意味は何でしょうか。マスクを装着して走れば、空気が吸いづらく、息苦しい状態でトレーニングすることになります。その結果、換気能力が高まるのです。

以前は、「呼吸筋あるいは肺換気能は全身持久性の制限因子にならない」とされており、換気能を高めることの重要性は理解されていませんでした。しかしフルマラソンを走ることによって呼吸筋が疲労し、パフォーマンスの制限因子になり得る可能性が示唆されたのは1980年代に入ってからです。呼吸筋をトレーニングすることで持久性運動のパフォーマンスが改善された研究が散見されるようになったのは、1990年代です。換気能が持久性運動の制限因子になり得ることが理解され始めたのは、スポーツの科学史からすれば最近のことなのです。こうした背景からすると、我が国で布製マスクをして走っていた長距離走や駅伝の選手たちは、昨今注目され始めた「呼吸筋トレーニング」を先取りしていたと言えるのです。

息で遊ぶ・息を操る
昔ながらの玩具で呼吸を鍛える

　牧歌的な子どもの遊びに、呼吸を鍛える工夫を見ることができます。いわゆる昔ながらの玩具（おもちゃ）は、呼気を上手に操って遊んでいました。

　息を吐く、呼息を利用した玩具の代表例は風船です。紙風船は容量が小さく、風船そのものが膨らみやすいため、幼い子どもでも息を吐き入れることができます。言い換えると、風船は、呼息で遊ぶ初めの一歩なのです。風船は、素材や大きさで呼気の強さや量が異なり、幼い子どもから大人に至る広範囲な年齢層で呼気筋力を鍛えることに役立ちます。呼気筋力を強くする玩具は他にもあります。吹き戻しとか、ピロピロ笛と言われるものです（写真4-2）。吹き戻しは、海外にも同じような玩具があり、米国では「party horn」と呼ばれています。思い切り呼息をする点からすれば、吹き矢やロウソク消しなども、息を吐くトレーニングと言えます。

　息を長く吐きながら遊ぶ、呼息の持久力を刺激する玩具もあります。パイプ状の先にバスケットを付け、呼息によってバスケットの中のピンポン球を宙に浮かす吹き上げパイプです（写真4-2）。呼気量、呼気速度など、上手に呼息をコントロールしなければならず、呼吸のコオーデ

写真4-2　吹き戻し（左）と吹き上げパイプ（右）

写真4-3　スポーツ吹き矢。写真は、2016希望郷いわて国体においてデモンストレーションスポーツのひとつとして実施された様子（写真は岩手国体HPより引用）

ィネーショントレーニングと言ってもよいでしょう。紹介してきた玩具からヒントを得て、呼吸リハビリテーションの視点を持った呼吸筋強化に発展したデバイスも存在します。さらには、レクリエーションとして確立したスポーツ吹き矢も注目に値します（写真4-3）。スポーツ吹き矢は、一般社団法人日本スポーツウエルネス吹矢協会が設立され、全国的に普及活動をしています。

　ところで、臨床現場でも呼吸を強化することは必須となっています。たとえば慢性閉塞性肺疾患では、呼吸筋の収縮機能や筋力の低下が指摘されており、胸郭可動域の改善を目的にしたストレッチングや運動療法が勧められています。運動療法のひとつとして呼吸筋トレーニングが取り入れられており、デバイスを使用して、とくに吸気筋力の改善を図ります。呼吸器疾患者でなくても呼吸のトレーニングが処方されることがあります。全身麻酔により手術される患者は、気管内の挿管や麻酔ガス吸入など複数の要因から呼吸器合併症が生じやすく、その予防のために術前に行われる呼吸訓練が有効とされています。その呼吸訓練に使われ

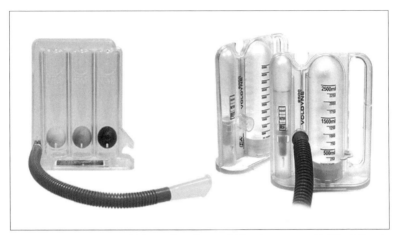

写真4-4　トリフロー（左）とボルダイン（右）。トリフローは吸気すること
でボールが浮く。ボルダインは吸気量によって目標値までピストンを上昇
させる（写真は、株式会社フィリップス・ジャパンのHPより引用）

表4-1　呼吸を強くする遊びから発展した玩具やデバイス、レクリエーション活動

目的	遊び（玩具）	呼吸筋強化（呼吸リハビリ）	レクリエーション
呼気筋力	風船 吹き戻し（ピロピロ）　→ 吹き戻し型デバイス[1]		
呼気持久力	吹き上げパイプ　──→ 吹き上げパイプ型デバイス[2]		
呼気流速	ロウソク消し 吹き矢 ──────────────────→ スポーツ吹き矢		
吸気筋力 （吸気持久力）		マーカー吸引型デバイス[3]	

※1　市販されている商品に「ロングピロピロ」「長息生活」などがある
※2　市販されている商品に「長息パイプ」がある
※3　臨床現場では、管内のボールを吸引するタイプ（Incentive spirometry）「トリフロー」や管内の呼
　　気抵抗を増加させ（死腔の増加）換気を促進させるタイプ（Increased dead space & expiratory
　　pressure）の「ボルダイン」が使われている

ているのがトリフローやボルダインと言われるデバイスです（写真
4-4）。これらのデバイスは、これまで紹介してきた玩具の構造を利用
しており、呼吸機能が低下した患者でも使用することが可能になってい
ます。
　表4-1は、息で遊ぶ玩具から呼吸筋強化、レクリエーションへの広が
りをまとめたものです。昔からある玩具の中には、呼吸機能の発達や改

善を促すものがありました。その玩具を発展させて呼吸を強化するデバイスが考えられたり、あるいはレクリエーションスポーツに至ったりと裾野が広がりました。呼吸を鍛えるヒントは、息で遊ぶことから始まっているように思うのです。

呼吸筋の活動と呼吸補助筋の動員

呼吸とは、酸素と二酸化炭素のガス交換です。そのうち体内に外気を取り込み体外に二酸化炭素を排出することは外呼吸、細胞レベルで血液を介して酸素と二酸化炭素を交換することは内呼吸と言います。外呼吸は、肺が大きさを変えることによって起こる肺内の圧力の変化によって換気が行われます。しかし肺そのものは筋組織ではないため、自ら収縮することができません。したがって呼吸活動を行うには呼吸筋の力を借りる必要があるのです。Campbellら（1970）[1] によると、呼吸筋は横隔膜、肋間筋、腹筋群、呼吸補助筋、上気道の筋としています。すべての呼吸筋が一斉に活動するのではなく、安静時において吸気では横隔膜を中心に活動し、その割合は70％に相当するとされています。また外肋間筋は、安静時はわずかに活動するだけですが、運動時にはその割合が高まります。呼気は、安静時では呼気筋はほとんど働くことがありません。吸気筋の弛緩とともに膨らんだ胸郭が弾性特性によって元の大きさに戻ること、加えて肺も肺弾性能力によって縮むことで呼息することができるのです。

運動時の呼吸は、横隔膜や外肋間筋の活動だけでは換気を遂行することができず、運動強度の高まりとともに腹筋群、呼吸補助筋が動員されるようになります。呼吸補助筋の概念は、「安静呼吸に参加せず、努力呼吸時にのみ動員される筋」（近藤、1993）[2] とされていることから、運動時は呼吸補助筋の働きを無視することができません。むしろ呼吸補助筋は換気が亢進したときに活動を始めるのですから、運動時の呼吸を成し得るのに大変重要な役割を担っているとさえ言えるのです。

呼吸補助筋がどのタイミングで動員されるのか、著者らが行った実験を紹介します（山本ほか、2011）[3]。自転車エルゴメータを用いた負荷漸増運動中に、呼吸補助筋のひとつである前鋸筋に近赤外線光を当てて酸

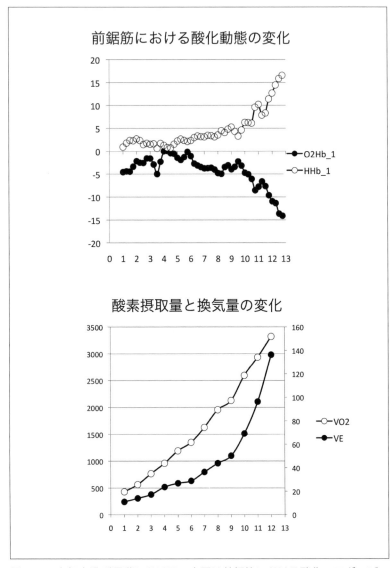

図4-1　自転車漕ぎ運動における、上図は前鋸筋における酸化ヘモグロビン
　　　（O$_2$Hb）と脱酸化ヘモグロビン（HHb）の変化、下図は自転車こぎ運動中
　　　の酸素摂取量と換気量の変化を示した

前鋸筋の酸化ヘモグロビンと脱酸化ヘモグロビンが変化するポイントと換気
性作業域値は、ほぼ一致していいた。（山本ほか，2011）[3]

素需要（酸化ヘモグロビンと脱酸化ヘモグロビン）を観察しました。その結果を図4-1（上は前鋸筋における酸化ヘモグロビンと脱酸化ヘモグロビンの変化、下は酸素摂取量と換気量の変化）に示しました。筋が酸素を使えば酸化ヘモグロビンは減少し、脱酸化ヘモグロビンが増加します。実験では、前鋸筋の酸素需要が大きくなった変曲点と、肺換気量が急激に増加した変曲点はほぼ一致していました。

　持久性運動では、少しずつ負荷を高めていくと、V_E（肺換気量）は80〜90L/minくらいまでは直線的に増加していきますが、それ以上の運動強度では急増し、オールアウトに近くなると指数関数的な増加に転じることもあります。その変曲点での呼吸筋の酸素消費量はおよそ4％ほどですが、運動を中止せざるを得ない疲労困憊時には、呼吸筋のそれは全身の総酸素消費量の15〜16％を占めるようになります。呼吸筋の酸素消費量からすると、変曲点を過ぎれば多くの呼吸（補助）筋が動員されることになるはずです。前述に示した前鋸筋における実験と考え合わせると、変曲点以降に呼吸補助筋の動員が顕著になると考えられます。したがって横隔膜や肋間筋以外にも、呼吸補助筋に注目することは大事な視点になるのです。

まずは「呼吸筋を鍛えてみる」試みが重要

　持久性運動では85%$\dot{V}O_2$max以上の運動強度で呼吸筋が疲労します。またマラソンやウルトラマラソンのように長時間にわたる競技では、運動強度が70〜85%$\dot{V}O_2$maxでも呼吸筋疲労が起こることがわかっています。マラソンでは最大吸気および呼気口腔内圧（PImax、PEmax）が低下することから、呼吸筋筋力の低下が考えられます（Lokeら, 1982）[4]。ウルトラマラソンでは安静時最大自発的換気量（MVV_{12}）も合わせて低下することから、呼吸筋筋力に加えて呼吸筋持久力が低下することにつながります（KerとSchultz, 1996）[5]。このことから、高強度（<85%$\dot{V}O_2$max）のスポーツ種目では呼吸筋筋力を鍛錬し、それ以下の運動強度で長時間に及ぶ種目（マラソンやウルトラマラソン、トライアスロンなど）では呼吸筋持久力を中心に鍛えることが望ましいことになります。

　ところが呼吸筋をトレーニングする目的について、Illiら（2012）[6]の

メタ解析によるレビューは注目に値します。考察のひとつに、呼吸筋ト
レーニングについて、筋力強化を目的にしたものと持久力強化を目的と
したものを比較していますが、その結果はパフォーマンスの改善に有意
な差が認められなかったというものでした。さらに吸気筋と呼気筋に分
けたトレーニングでは、パフォーマンスの改善に有意な差が認められな
かったとし、しかし両者を同時に鍛錬したほうがパフォーマンスを大き
く改善するとしています。Illiらの報告を踏まえると呼吸筋トレーニン
グとは、呼吸筋の筋力を改善するのか、あるいは持久力を改善するの
か、その目的はさておき、まずはどのような方法でも呼吸筋を鍛えるア
プローチが「持久性運動のパフォーマンスを改善する」という結果に結
びつくと思われます。

呼吸筋を鍛えるデバイス

今日では、呼吸筋を鍛えることが持久性運動のパフォーマンスを改善
することに理解が進み始めています。それに伴い、呼吸筋をトレーニン

表4-2　呼吸筋を鍛える方法とその特徴

種類	方法（負荷）	特徴	主なデバイスと鍛えられる機能
過換気型	Hyperventilation/hyperpnea（過換気負荷）	袋を付けたデバイスを用いる。袋に吐く呼気を再吸入することで、一定量の CO_2 を吸気し、過換気症を防ぐ。	スパイロタイガー（呼吸筋持久力）
負荷抵抗型	Resistance load（流量負荷）	筒状のデバイスの穴を調整し、負荷にする。	ビーフレックス（吸気筋力）スーフル（呼気筋力）
	Pressure threshold load（圧閾値負荷）	バネを利用して閉じた弁によってデバイス内の容量が変わり負荷となる。一定量の呼吸時に弁が開く。	パワーブリーズ（吸気筋力）Threshold IMT（吸気筋力）Threshold PEP（呼気筋力）
換気抑制型	Respiratory depression/Mask training（換気抑制負荷）	フェイスマスクを着用することで換気を制限しスポーツの活動様式に合わせて呼吸筋をトレーニングする。	ELEVATION TRAINING MASK（呼吸筋持久力）ReBNAトレーニングマスク（呼吸筋持久力）

グするデバイスが多種多様に流通するようになりました。表4-2は、呼吸筋を鍛えるものについて、方法や特徴についてまとめてみたものです。

1）過換気型デバイス

　過換気型デバイスは、過換気負荷（Hyperventilation/Hyperpnea）によって呼吸筋を鍛えます（写真4-5）。このデバイスの特徴は、呼吸性アルカローシスを防ぐための工夫がなされていることです。デバイスには肺活量の50〜60％のバッグ（袋）を付けます。呼気は最初にバッグに吐き出され、バッグの容量を満たすとデバイス外に排出されます。吸気はバッグに吐き出された呼気を再吸入し、さらにデバイス外から新たな空気を吸入します。バッグには呼気にある一定量の二酸化炭素が含ま

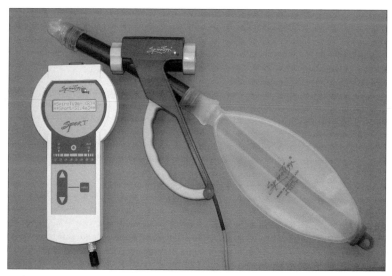

写真4-5　過換気型デバイス。写真はスパイロタイガー。右にあるデバイスを持ち、マウスピースをくわえる。左にあるデバイスに呼気と吸気のリズムが提示され、それに合わせて換気を繰り返す。右デバイスにはシリコン製のバッグが取り付けられており、呼気はバッグに溜められ、バッグ以上の呼気はデバイス外に排出される。吸気はバッグ内に溜められた呼気中に含まれる二酸化炭素と、デバイス外から空気を吸う。

れており、これを再吸入することで呼吸性アルカローシスを防ぎます。長時間にわたり過換気型デバイスでトレーニングすることが可能で、トレーニングの主目的は呼吸筋持久力の改善になります。

　著者は以前、スピードスケートの選手に、過換気型デバイスで呼吸筋トレーニングを行いました。選手は、オリンピックに出場した選手を含むトップアスリートです。過換気型デバイスのトレーニング条件を、バッグの容量は肺活量の60％、1分間に呼吸する回数を30回／分から始めました。その後バッグの量を大きくしたり、呼吸回数を増やしたりと、トレーニング条件をさまざまに試したのです。その結果、呼吸回数を変えずにバッグを大きくすると、バッグに呼気を吐ききれない（バッグが呼気で満たされない）ことが頻発しました。次にバッグの大きさを変えずに呼吸頻度を増やすと、呼吸の速さについていけず、やはりバッグに呼気を吐ききれない状態に陥ったのです。すなわち過換気による呼吸筋トレーニングには、至適な呼吸回数やバッグの大きさ（1回換気量）があるようです。

　過換気型デバイスを使いながら呼吸筋を鍛え、パフォーマンスを向上させた成功例は、シドニーオリンピックの女子トライアスロンで優勝したスイスのBrigitte McMahon選手です。彼女は過換気型デバイスによって呼吸筋トレーニングする場合、その時間は30分間だったそうです。

　こうした事例から、過換気型デバイスのトレーニングは、次に示す条件が望ましいように思います。バッグの容量は肺活量の50〜60％程度、1分間に呼吸する回数は30〜35回／分程度を基準にします。トレーニング時間は、低体力者であれば5〜10分間程度、競技パフォーマンスを向上させる目的であれば10〜30分間であり、競技レベルが高くなるほど長く使用すべきです。トレーニング頻度は週に3〜4回を目安にするとよいでしょう。

2）負荷抵抗型デバイス

　負荷抵抗型デバイスは、デバイスに開けた穴の大きさを変えて吸気量を変化させ抵抗にする流量負荷型（resistance load）と、デバイス内にあるバネをねじることでデバイス内容積を変化させ抵抗にする圧閾値負荷型（pressure threshold load）の2方式があります（写真4-6）。い

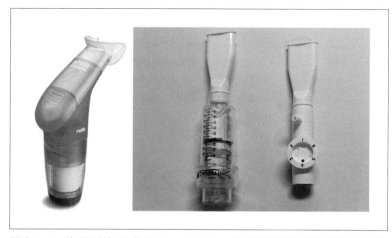

写真 4-6　負荷抵抗型デバイス。左側と中央が圧閾値負荷型デバイスで、Power Breath と Threshold IMT。バネをねじることによってデバイス内の容量が変わり負荷を調整する。右側が流量負荷型デバイスでピーフレックス。デバイスに取り付けたダイアルを回し、穴の大きさを変化させ負荷を調整する。

ずれもシンプルな構造で、また安価でもあり、さまざまなデバイスが販売されています。流量負荷型デバイスあるいは圧閾値負荷型デバイスでトレーニングする主目的は呼吸筋筋力の改善で、吸気時に負荷して吸気筋を鍛えるデバイスと、呼気時に負荷して呼気筋を鍛えるデバイスがあります。吸気筋は、横隔膜が主導的に働き口腔内圧を陰圧にすることで外気を取り込みます。そのため横隔膜に、肋間筋などの呼吸筋より疲労が早く現れることになります。こうした理由もあり、多くのデバイスは吸気筋、すなわち横隔膜をトレーニングするタイプが多いように思います。

　呼吸筋トレーニングについて多くの報告では、圧閾値負荷型デバイスを用いて研究しています。負荷（トレーニング強度）を細かく設定できること、過換気型デバイスに比べてトレーニング時間が短いこと、デバイスそのものが安価であること、そのために被験者一人にデバイス1台を割り当てられて衛生的であることが理由になります。臨床での研究ではThreshold IMT、スポーツでの研究ではパワーブリーズが使われる

ことが多いようです。

　圧閾値負荷型デバイスをトレーニングに導入するには、トレーニング条件を設定する必要があります。とくにトレーニング強度について、最も望ましいのは最大口腔内圧を測定しトレーニング負荷を決定することです。最大口腔内圧は、最大吸気口腔内圧（maximal inspiratory pressure：PImax）と最大呼気口腔内圧（maximal expiratory pressure：PEmax）があります。測定は測定機器のある医療機関や研究機関で行いますが、最大口腔内圧を予測する推定式を利用することもできます。推定式を利用する場合、トレーニングの導入時に推定値を参考にトレーニング強度を決定します。最大口腔内圧の推定式は次になります（鈴木ほか，1997)[7]。

男性
PImax = 45.0 − 0.74 × 年齢（歳）+ 0.27 × 身長（cm）+ 0.60 × 体重（kg）
PEmax = 25.1 − 0.37 × 年齢（歳）+ 0.20 × 身長（cm）+ 1.20 × 体重（kg）

女性
PImax = −1.5 − 0.41 × 年齢（歳）+ 0.48 × 身長（cm）+ 0.12 × 体重（kg）
PEmax = −19.1 − 0.18 × 年齢（歳）+ 0.43 × 身長（cm）+ 0.56 × 体重（kg）

　トレーニング強度は、慣れるまでは最大吸気口腔内圧の30〜50％に、その後トレーニング状況によって60％、70％と漸増することが望ましいと考えます。1回に行う呼吸数は10〜30回ですが、持久性能力が高い選手ほど回数を多くする必要があります。セット数は1〜5セットが目安になります。

3）換気抑制型（マスク型）デバイス
　著者たちの議論の中では、「スポーツ様式に合わせて呼吸筋を鍛えることができれば、それが最も望ましい」とする考えに同意するところがあります。それを具現化できるデバイスが換気抑制型、すなわちマスク型トレーニングです。
　前述した通り、日本では古くから「マスクをして走り、心肺機能を鍛

える」発想がスポーツ現場にありました。しかしマスクをして走れば苦しく、そのため主練習ではマスクを外してトレーニングしていたように思います。ところが最近では、呼吸筋トレーニングの効果が指摘されるようになり、さらには新型コロナウイルス感染症を防止する観点から「主練習でもマスクをして…」という発想を持ち始めたアスリートが現れ始めました。マスク型デバイスを販売するメーカーやアスリートのホームページ、SNSなどを見ると、Jリーグのチーム、プロ野球選手、空手やレスリングなど選手同士のコンタクトを要する格闘技系競技などが、マスクを装着してトレーニングしているようです。

　デバイスとしてのマスクは、価格が安く購入しやすいことが特徴です。目に止まるひとつに、輸入品であるELEVATION TRAINING MASKがあります。このマスクは、マスクに取り付けられたアダプターによって換気量を抑制する仕組みです。商品名に「ELEVATION TRAINING…」とありますが、決して気圧や酸素濃度が変化させ疑似高地トレーニングが行えるものではなく、高地トレーニングを想像させるように、呼吸が苦しいことからネーミングされたと想像します。

　もうひとつ取り上げるマスクは、日本でつくられているReBNAトレーニングマスクです（写真4-7）。マスク内を2室にして、鼻は吸気のみ、口は呼気のみとした構造になっています。さらにマスクに取り付け

写真4-7　換気抑制型（マスク型）デバイス。左は換気抑制型のマスクを装着してトレーニングする様子。右はReBNAトレーニングマスクの内側で、2気室に分かれているのが特徴的。鼻呼吸は吸気、口呼吸は呼気になっている。

てあるアダプターを変更することによって、呼吸時の抵抗を変えることができます。

マスク型トレーニングは、筆者は注目すべき面白いトレーニング方法と考えています。運動形態に合わせて呼吸筋トレーニングができるため、そのスポーツに真に必要な持久力が養成できるためです。その一方で、マスク型トレーニングの課題も指摘できます。装着して運動した際、どのくらい換気量や酸素摂取量が抑制されるのか、そうしたデータを今のところ見ることはありません。データがあれば、マスク型トレーニングの効果について研究への進展が期待できます。また最大換気量比や最大酸素摂取量比から、マスク型トレーニングをすると運動強度が○○％上がるなど、マスクによる呼吸筋トレーニング導入のヒントが得られるのです。

デバイスを使わずに呼吸筋や呼吸補助筋を鍛える

呼吸筋を鍛える導入時であれば、デバイスを使わずにトレーニングすることも可能です。そのヒントは呼吸リハビリテーションにあります。

慢性の呼吸器疾患でCOPDや間質性肺炎などでは、胸郭を中心にした柔軟性の低下によって呼吸のしづらさが指摘されます。そのため、たとえばCOPDでは、頸部や肩の呼吸補助筋を使った浅く速い呼吸動態になります。こうした症状の改善に、口すぼめ呼吸（口をすぼめて深い呼吸を繰り返す）が勧められています。さらに胸郭可動域の改善を目的にした上半身のストレッチングも効果的とされています。

スポーツに応用するならば、口すぼめ呼吸や胸郭可動域の改善は参考になるでしょう。有酸素運動としてウォーキングやランニングをする際に、口を閉じ鼻のみで呼吸することも一考に値します。また運動中に深呼吸を繰り返すことは、横隔膜を中心にした呼吸筋のストレッチングになり得ます。

呼吸筋トレーニングで忘れてはならないのが呼吸補助筋を鍛えることです。ただし呼吸補助筋を鍛えた結果、運動パフォーマンスが改善したとする報告を目にしたことがありません。しかし換気量の増加とともに呼吸補助筋が動員されることは事実ですから、トレーニングしておくこ

とにデメリットはないと思います。呼吸補助筋を鍛えるには、いわゆる筋力トレーニングが手段になります。筋力トレーニングの条件は、筋持久力を高めるように低強度で回数をこなす方法がよいでしょう。

　胸郭の可動域を高めるには、広背筋や僧帽筋を鍛えます。胸郭を前方に押し出し広げる効果が期待できます。またベントオーバーロウやワンハンドロウといった肘を後ろに引く動作を伴う筋力トレーニングや、肩甲骨を寄せるように行うプルダウンやチンニング（懸垂）も効果的です。三角筋や僧帽筋を鍛えるトレーニングも胸郭を持ち上げることに有効です。サイドレイズやショルダープレス、シュラッグといったトレーニングなどが挙げられます。

　身体を左右に捻転する運動も、胸郭の可動域を改善するのによいでしょう。ウェイトトレーニングでは負荷になるバーなどを担いで捻転しますが、何も持たずに行うことも可能です。ストレッチングをする意識が重要で、外腹斜筋、内腹斜筋、腹直筋、広背筋などが伸展されるはずです。

　この章では、呼吸筋を鍛えるにはどうしたらよいのか、考えてみました。子どもの頃に遊んだ玩具に源流があり、それが呼吸リハビリテーションに活かされ、さらにはアスリートのトレーニングとして発展していました。

　アスリートは、スポーツ種目のトレーニングを十分に行い、栄養を考え、メンタルな面も鍛えている…。では次に鍛えるのは？　それが、呼吸筋なのかもしれません。さまざまなスポーツ種目のアスリートが呼吸筋トレーニングを実践し、その善し悪し、効果の有無など事例を重ねていくことで呼吸筋トレーニングの方法論が今以上に確立していくように思います。

［参考文献］

1）Campbell, E. J. M., Agosotoni, E., Newsom, Daives, J. The respiratory muscle, mechanics and neural control. 181-200, Lloyd-luke : London, 1970
2）近藤哲理．呼吸補助筋．呼吸と循環，41, (8), 719-724, 1993
3）山本正彦，河合祥雄，佐賀典生，染谷由希，重野利彰，松下裕里．近赤外

線分光法を用いた自転車エルゴメーター負荷漸増中における呼吸補助筋の動員について. 体力科学, 60: 643, 2011

4) Loke, J., Mahler, D. A., Virgulto, J. A. Respiratory muscle fatigue after marathon running. J Appl Physiol, 52, 821-824, 1982

5) Ker, J. A., Schultz, C. M.Respiratory muscle fatigue after an ultra-marathon measured as inspiratory task failure. Int J Sports Med, 17, 493-496, 1996

6) Illi, S.K., Held, U., Frank, I., Spengler, C. M. Effect of respiratory muscle training on exercise performance in healthy individuals. A systematic review and metaanalysis. Sports Med. 42:707-724, 2012

7) 鈴木正史, 寺本信嗣, 須藤英一, 小川桂子, 滑川妙子, 盛田和治, 松瀬健, 滝沢始, 大内尉義, 福地義之助. 最大呼気・吸気筋力の加齢変化. 日胸疾会誌 35: 1305-1311, 1997.

8) 呼吸リハビリテーションマニュアル－運動療法－第2版、照林社, 2012

実践編

陸上競技 中・長距離走と 呼吸筋トレーニング

北田友治

　本章では、陸上競技の中・長距離走をテーマに、呼吸筋トレーニングの重要性や、それを実践するうえでのポイントなどを、先行研究に著者の経験から学んだことも交えて解説していきます。

　「スポーツ」といってもさまざまな様式で競技・種目が行われています。たとえば、自転車競技やボート競技のように座った状態で行われる種目もあれば、陸上の走競技のように立った状態で行われている種目もあります。さらに、走競技の中でも、トラックで行われる短距離、中距離、長距離や、ロードで行われるマラソンといった種目に分かれています。当然、種目が異なればスピードや求められる能力が異なってくるわけです。

　本章のテーマである陸上競技の中・長距離走と呼吸筋トレーニングについて解説するうえで、まずは走動作の特徴を呼吸筋と関連づけて概説し、次いで中・長距離走の特徴を説明します。走動作を含めて中・長距離走の特徴を押さえたところで、本題の中・長距離走に対する呼吸筋トレーニングの効果や実践ポイントを説明します。

走動作の特徴と呼吸筋

　走競技は、座位姿勢で行われる自転車競技やボート競技と異なり、立位動作を保持しながら、規定の距離をいかに速く走り切れるかによって勝敗が決まります。走競技の速さ、つまりスピードは、地面に接地した片足が再び接地するまでの距離である歩幅（ストライド）と、その頻度（ピッチ）によって構成されています。

ストライドは、着地している片足が地面から離地し、もう一方の足が着地するまでの距離を指します。すなわち、離地局面では、両足が宙に浮いています。すなわち、ピッチとストライドの繰り返しをランニングサイクルと呼び、ランナーはこの動作中に酸素を摂取するためにとリズムを形成するために呼吸を行っています。

　動作の繰り返しによる運動のテンポと呼吸のテンポが合うことは、locomotor-respiratory coupling（運動－呼吸同調）と呼ばれカップリング現象の1つです。運動－呼吸同調は、自転車運動に比べて走運動ではよりはっきりと現れます。これは離地と着地による上下動作に伴って、呼吸筋である横隔膜の上下動作が起こるためと考えられています。

　またこのとき、脚と交差させるように腕を振ることで、リズムをとったりストライドを伸ばしたりと、推進力を助長させています。さらに、ここへ体幹に骨盤－股関節複合体を含めたコア（core）の筋群が働くことによって、地面から受けた力（地面反力）を全身に伝達できるようになるだけでなく、地面から受ける着地時の衝撃をうまく緩和したり、立位姿勢のまま脚や腕の動作を安定させることでランニングフォームを形成することが可能となります。

　補足すると、走動作では、両脚が地面に接地する局面（両脚支持期）があるウォーキングとも異なり、一度宙に浮いた全体重を片脚で支持するために大きな衝撃を受け、一般的に体重の約2～3倍もの負荷がかかります。ウォーキングもさることながら、これほどの衝撃を座位姿勢で行われる自転車競技やボート競技で受けることはないでしょう。そのため、走競技にとってコア筋群はこれまでも重要視され、トレーニングのターゲットとされてきたわけです。

　一般的にコア筋群とは、腹横筋や内・外腹斜筋、腹直筋、脊柱起立筋などを指すことが多いですが、実は横隔膜も腹腔内圧を高めて体幹を安定させるために働いています。このように、横隔膜は肺を受動的に拡張させて酸素を摂取するためだけでなく、適切なランニングフォームを形成するためにも働いています。

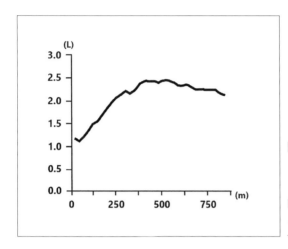

図5-1　800m走にお
ける1回換気量の経
時的変化
Hanon & Thomas
(2011)[3]より一部抜粋

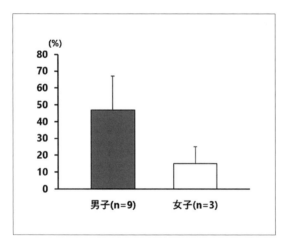

図5-2　男子および女
子800m走後にお
ける吸気筋力低下率
著者ら(未発表)、Ohya
ら(2016)[8]より作図

中・長距離走の特徴と呼吸筋

　中距離走には、800m走と1500m走が該当し（障害物を越えながら走
る特質から3000m障害物競走を除く）、解糖系と酸化系のエネルギー
供給機構が主になります。糖を利用する解糖系のエネルギーは、酸化系
のエネルギーよりもパワー（cal/kg/min）が大きい一方で、代謝の過
程でピルビン酸を経て乳酸を発生させます。乳酸は疲労物質そのもので
はなく、再利用できるエネルギーではあるものの、体内を酸性に傾ける

作用があります。体内の酸性化（アシドーシス）は、呼吸中枢を刺激して換気を亢進させる要因のひとつとなります。

　また、速いスピードで繰り広げられるレース中に必要とされる酸素の量（酸素需要量）は、800m走で最大酸素摂取量の120%程度、1500m走で105%程度であり、それをまかなうためにレース中の換気量は非常に高くなっています。そのため、中距離走では呼吸筋の活動も高く、呼吸筋が疲労しやすい状態であることが推察できます。これを裏づけるように、呼吸筋疲労の指標とされている1回換気量や呼吸筋力の低下が、それぞれ走行中（図5-1）、または走行後（図5-2）に観察されています。

　長距離走には、5000m走と10000m走が該当し、酸化系のエネルギー供給機構が主となります。一定時間内の酸素需要量は、中距離走と比べれば高くないものの長距離走でも依然として高く、さらに長時間そのレベル（酸素摂取水準）を保ち続けなくてはなりません。そのため、強度的な観点だけでなく時間的な観点からも、呼吸筋は長距離走でもよく働いているといえます。

　また、長距離走に限らず長時間続く競技では、末梢系（筋）の疲労に加えて中枢系（脳）の疲労も起こります。末梢に過度な負荷がかかると、中枢からの制御により末梢の活動が抑制される（セントラルガバナー）といわれています。過度な負荷であるかどうかは、低酸素状態や二酸化炭素分圧（$PaCO_2$）が上昇しているなどを感知する体内のセンサー（受容器）を介して、信号が中枢へ入力されることで判断されます。こうしたメカニズムによって、たとえば換気をもっと亢進するよう命令を出すなどして、末梢の活動をコントロールしています。そして、それに伴って「つらい」や「きつい」といった呼吸困難感も誘発されるといわれています。長距離を走って息が上がって苦しいといったことで、経験的にもわかるでしょう。

中・長距離走の特徴からみた
呼吸筋トレーニングの重要性

　中・長距離走は、前述した特徴からもわかる通り、腕を振ったり着地による衝撃などから体幹の安定化（コアスタビリティ）（Kibler et al,

2006)[5) を図りながらランニングフォームを形成し、その中でエネルギーとして高く需要のある酸素を摂取しながら行われる種目となります。いかに酸素を取り込んで利用できるかどうかは、循環（心血管）や末梢（筋）の能力にも関係していますが、呼吸と呼吸筋の活動も大切となります。こうした呼吸筋の活動は、走競技といったカテゴリーとして、コアスタビリティを図りながらランニングフォームを形成している点で同じであったとしても、無酸素性のエネルギー供給機構が主である短距離走とは異なる点となります。

　短時間で決着がつく短距離走では、酸化系のエネルギーを中・長距離走で求められているほど必要とせず、そもそもの呼吸筋の仕事量が小さい分、横隔膜の筋活動をコアスタビリティのために集中させることができます。言い換えると、中・長距離走では、酸素を摂取するための激しく持続的な呼吸と、体幹のポジションと動きをコントロールするための筋活動（非呼吸性の働き）の両方で横隔膜が働かざるを得ず、横隔膜が疲労しやすい状況を強いられているわけです。そのため、横隔膜をトレーニングすることは、中・長距離走において呼吸を行うための活動が十分に行えるような余力をつくるだけでなく、適切なランニングフォームを崩さないため、ひいては中・長距離走の競技パフォーマンスを向上させるために重要であり、横隔膜を狙ったトレーニング、すなわち呼吸筋トレーニングを走トレーニングに加えることの意義は大きいでしょう。

　運動のテンポと呼吸のテンポが合うことは、特定の走速度で利用するエネルギー消費量（酸素消費量）を抑えることにつながり、言い換えると、走運動のエネルギー効率（ランニングエコノミー）に好影響を及ぼします。競技レベルの高いランナーでは、こうした運動−呼吸同調がよく起きており、意図的に呼吸筋疲労を招くために過換気を行わせたあとでも、運動−呼吸同調に大きな影響が出ないよう無意識に調整がなされることが報告されています。しかし、このとき運動−呼吸同調は崩れなかったものの、呼吸の仕方に影響が出ていたことも報告されています。具体的には、1回換気量が減少し、呼吸数が増加するいわゆる「浅くて早い呼吸」に変化していることが観察されています。つまり、分時換気量には大きな変化がないにしても、肺と毛細血管を仲介する肺胞のレベルで換気効率に悪影響を及ぼしていることが考えられます。そのため、

運動－呼吸同調にさほど影響が出ないような競技レベルの高いランナーであったとしても呼吸筋をトレーニングし、呼吸筋疲労を招くような呼吸パターンへのシフトを遅らせることが重要であると考えられます。

呼吸筋トレーニングの有効性を示した研究の紹介

　実際に呼吸筋トレーニングを実施することで、走パフォーマンスが向上したとされる研究報告が散見されていますので、そのいくつかを紹介します。

　Leddyら（2007）[6]は長距離ランナーを対象に、これまで実施してきた走トレーニング（最大酸素摂取量の70〜80％強度で35〜55マイル/週）に加え、CO_2濃度が低下しすぎないように自らの呼気の一部を換気バッグに流入させて、それを再吸気しながら自発的に過換気を行うタイプ（voluntary isocapnic hyperpnea：VIH）の持久的な呼吸筋トレーニングを1日30分、週に5日の頻度で4週間実施させたところ、陸上トラックで行われた4マイル走の記録が、統計的に有意ではないものの呼吸筋トレーニング後に4％（タイムにして1分12秒）向上したことを報告しています。

　さらに彼らは、4マイル走以外にも最大酸素摂取量の80％強度に設定したトレッドミル走を、呼吸筋トレーニングの介入前後で長距離ランナーたちに実施させており、呼吸筋トレーニング介入後には呼吸数の低下に起因する分時換気量の低下に伴って、エネルギー消費量（酸素消費量）が低下していることを観察しています。これらの呼吸筋トレーニングによってもたらされた生理適応から、彼らは走運動中のある強度に対する呼吸筋の仕事量が軽減したこと、すなわち換気効率が向上したことでランニングエコノミーが向上し、その結果として走パフォーマンスが向上したと考察しています。

　高強度（最大酸素摂取量の高い水準）に設定した走運動に対する呼吸筋トレーニングの効果は、このほかにも報告されています。

　Mickleboroughら（2010）[7]は、レクリエーショナルなロードランナーを対象に、規定の流量しか一度に吸気できないよう流量を制限することで、吸気時に一定の抵抗が加わるタイプ（inspiratory flow resistive loading：IFRL）の呼吸筋トレーニングを週に3日実施させたところ、最大酸素摂取量の80％強度に設定したトレッドミル走の走行時間が有意に延長したことと同時に、一定の作業負荷運動に対する換気量、酸素消費量、呼吸数、1回換気量、心拍数、血中乳酸濃度の低下に加えて、主観的な呼吸困難感としての知覚反応が有意に減弱したことを報告しています。これらの結果から彼らは、呼吸筋トレーニングが呼吸のメカニクスを変更させ、固定負荷運動中の酸素コスト、換気量、心拍数、血中乳酸濃度、主観的運動強度（きつさ）を軽減させることで、レクリエーショナルランナーの運動パフォーマンスを向上させる可能性があると考察しています。

とくに、こうした呼吸困難感の軽減は、走運動に対する呼吸筋トレーニングの効果として非常に多く報告されています。

Williamsら（2002）[11] は、大学クロスカントリーチームのメンバーを対象に、規定の圧閾値以上の負荷でしか弁が開放しないことで、吸気時に一定の抵抗が加わるタイプ（inspiratory pressure threshold loading：IPTL）の呼吸筋トレーニングを、4週間にわたって最大吸気口腔内圧の50％負荷から毎週5％増加させ、週に4～5日、1日に4～5分の呼吸負荷（呼吸数は自己のペース）を1～2分の休息を挟み5～7セット（約25分）実施させたところ、吸気筋力と吸気筋持久力が向上し、吸気筋力の向上が大きい人ほど、最大酸素摂取量の85％強度に設定したトレッドミル走直前の呼吸困難感の軽減が大きかったことを報告しています。

さらに、Katayamaら（2019）[4] は、駅伝に出場経験のある大学の長距離ランナーを対象に、通常のトレーニング[*1]に加え、VIHの呼吸筋トレーニングを6週間にわたり実施させたところ、安静で行う最大換気量が9.1L増加したことや、意図的に分時換気量を徐々に増加させた際に、規定したレベルでの換気が維持できなくなるまでの時間が延長（呼吸筋の持久力が向上）したこと、最大酸素摂取量の95％強度で走行中の呼吸

＊1：1000m×10本あるいは2000m×5本、25～35kmほどの長距離走
　　などの内容で120～130km/週を走行

困難感が軽減し、疲労困憊に至るまでの時間が延長したことを報告しています。

　加えて、対象はアスリートではありませんが、Edwardsら（2008）[2] は、一般的な持久性トレーニング*2にIPTLの呼吸筋トレーニングを加えることで、5000m走の記録が持久性トレーニングのみを実施させるよりもさらに向上したことを報告し、この5000m走の記録がより向上した理由のひとつとして、呼吸筋トレーニングによって呼吸困難感が軽減したことによる可能性を考察しています。

　また、呼吸困難感が軽減すれば、前述した中枢からの活動抑制信号を減弱させることで、通常のトレーニング量を増やしたり、トレーニングの質を高めることができるかもしれません。

　EdwardsとCooke（2004）[1] は、健康な男性を対象にIPTLの呼吸筋トレーニングを実施させたところ、酸素動態や最大酸素摂取量に変化がなかったものの、一定負荷（最大酸素摂取量が得られた速度と傾斜）のトレッドミル走による疲労困憊に至るまでの時間が延長したことから、呼吸筋トレーニングにより持久的な運動量を多くこなせるようになり、結果的に心肺への適応を起こせることを示唆しています。

　このほかの呼吸筋トレーニングによる長距離ランナーへの生理適応として、過換気によって増加する平均血圧の程度が少なくなったことも報告されています。血圧の増加は、一般的に酸素供給を促進するために呼吸量や心拍出量を増加させることに寄与していますが、呼吸筋が疲労することで四肢の骨格筋を支配している交感神経の活動が亢進し、活動筋の血管が収縮することで供給できる酸素が減少してしまう現象（メタボリフレックス）の可能性が指摘されています。そのため、こうした血圧低下による適応は、呼吸筋が強化されたことで呼吸筋の代謝産物の蓄積が抑えられたことのほか、代謝の刺激に対する感受性が鈍化したことで、交感神経活動の亢進を遅延できたことが、そのメカニズムとして考えられています。

---

*2：1000m×5本あるいは1600m×3本、各自のペースによる20分間走

また、走競技ではコア筋群が重要な役割を担っていることは、前述した通りです。そのコア筋群に着目し、呼吸筋トレーニングにコアトレーニングを合わせて実施させた研究報告もあります。

　Tongら（2016）[9] はレクリエーショナルランナーを対象に、週6日の頻度でIPTLの呼吸筋トレーニング（1日30回×2セット）をまずは4週間実施させた後、5週目からはインターバル走トレーニング後に呼吸筋トレーニングと負荷を漸増（10回×2セット〜12回×3セット）させたバードドッグなど4種類のコアトレーニングを同時に行うプログラム、すなわち呼吸筋トレーニングデバイスを用いて吸気時に呼吸筋へも負荷をかけながら行うコアトレーニングを6週間実施させました。その結果、静的な姿勢をコア筋群の活動をより保持できる時間の長さ（sport-specific endurance plank test）を評価するコア筋群の持久力は、インターバル走トレーニングのみを実施させるよりも向上し、さらには血中乳酸濃度の蓄積が約4 mmol/Lとなった強度（onset of blood lactate accumulation：OBLA）のランニングエコノミーの向上や、1時間で走行できた距離が延長したことを報告しています。

　Tongら（2014）[10] は、こうした結果を得る以前に、レクリエーショナルな長距離ランナーを対象に、走運動と同等の過換気を直立した姿勢のまま行わせることで、走運動時の呼吸応答を模倣して呼吸筋のみ疲労させた場合でもコア筋群が疲労したこと、さらに、あらかじめコア筋群を疲労させてからトレッドミル走を実施させた場合には、疲労困憊に至るまでの時間がコア筋群を疲労させずに走行させた場合に比べて39.2％（10.7±4.5分から6.5±2.0分へ）短縮（パフォーマンスが低下）し、主観的運動強度も高まったことを報告しています。

　これらの研究報告は、呼吸筋トレーニングとコアトレーニングの両方を実施することで、呼吸筋としての本来の役割を果たしながら、体幹を安定させたランニングフォームをより保持できるようになり、中・長距離ランナーの競技パフォーマンスを相乗的に向上させる可能性があることを示唆しています。

表5-1　呼吸筋トレーニングをトレーニング計画へ組み込む際の提案

■実施タイミング

パターンⅠ：走トレーニング開始前に集合して実施 ☞意識性・監視性・効率性を重視

パターンⅡ：走トレーニング後に実施 ☞走トレーニングの内容による特異性を考慮

■実施頻度

呼吸筋トレーニングに慣れるまで：週5日以上

呼吸筋トレーニングに慣れてから：週2〜3日

■テーパリング期間

大事な試合の1〜2週間前

■その他への活用

アスレティックリハビリテーションのプログラムに導入

呼吸筋トレーニングを取り入れる際のポイント

　既に先行研究などから呼吸筋トレーニングによる効果を把握していたものの、普段のトレーニングに呼吸筋トレーニングを取り入れることに抵抗を感じていた選手、あるいは監督・コーチもいるでしょう。現場の方々が呼吸筋トレーニングを取り入れるにあたり抵抗を感じている最大の理由は、実施方法の不明確さを除けば、おそらく、1回の走トレーニングにも長い時間を要する陸上競技の中・長距離ランナーに対して、呼吸筋トレーニングを取り入れる時間をどうやって捻出するかを考える必要が生じるためでしょう。選手個人の判断で呼吸筋トレーニングを取り入れる場合には、自らの責任でトレーニングを自宅などで実施・管理すれば済むように思いますが、監督・コーチ側の立場になれば、選手のコンディションを踏まえて週単位、月単位、年単位でのトレーニング計画に呼吸筋トレーニングをどう組み込むか、とくに呼吸筋トレーニングの実施タイミングを考えなくてはならないため、行動を起こすまでに達していないクラブも少なくないと感じています。そこで、陸上競技の中・長距離ランナーに対して呼吸筋トレーニングを新たに取り入れる際の提

案をいくつか示します。

　まず、1回のトレーニングのうち、呼吸筋トレーニングを実施するタイミングについては、走トレーニング開始前に集合して実施するのはいかがでしょうか。通常の走トレーニングを開始した後で実施することと比べた際のメリットとしては、選手全員が同じタイミングで呼吸筋トレーニングが実施できることです。走トレーニングの開始前に実施することで、呼吸筋をトレーニングすることを意識できるほか、監督・コーチがそれぞれの選手をモニタリングしながら実施することが可能となります。とくに、新たに呼吸筋トレーニングを実施させるうえでは、適切な方法で実施できているかの確認を怠らないことが、高い効果を得るために重要だと考えています。

　また、トレーニングの仕方によっては、有効なウォームアップとなることが報告されています。具体的には、走トレーニング前にIPTLの呼吸筋トレーニングを最大吸気口腔内圧の50%の負荷で30回、あるいは最大吸気口腔内圧の40%の負荷で30回×2セット実施することによって呼吸筋へ負荷をかけておくことで、運動中にかかる「きつさ」の感覚が相対的に下がる可能性が示唆されています。そうなれば、その後に実施する本来の目的であった走トレーニングにも好影響を与えることができる可能性があるわけです。

　ただし、場合によっては走トレーニングの直前に実施した呼吸筋トレーニングによる呼吸筋への負荷によって、走トレーニング時の呼吸筋疲労を早期に誘発してしまい、その後に実施する走トレーニングのパフォーマンスを低下させてしまう可能性も否めません。試合ではなくトレーニングとして、より呼吸筋への負荷をかけるといった点では理にかなっていますが、トレーニングの目的が活動筋に対してのアプローチであれば話は変わってきます。そのため、下肢骨格筋など末梢の活動筋への刺激を重視するような走トレーニングの内容によっては、呼吸筋トレーニングを走トレーニングの直前ではなく、走トレーニング後に実施することもよい方法かもしれません。

　したがって、基本的には呼吸筋トレーニング実施時の意識性、監視性、効率性の点から走トレーニング前に実施し、トレーニング内容の特異性を考慮する必要性が高い場合には走トレーニング後に実施するとよ

いでしょう。

　次に、呼吸筋トレーニングをトレーニング計画に組み込む際の実施頻度と、ピークパフォーマンスを発揮する時期の調整（ピーキング）を考慮した呼吸筋トレーニングの休養のタイミングについて、著者の提案を示します。

　長距離ランナーを対象にした研究から得た知見をもとに考えて、実施頻度については呼吸筋トレーニングに慣れるまではなるべく高頻度（週に5日以上）で実施し、その方法に慣れた後では走トレーニングの内容などを踏まえて週に2〜3日の頻度で継続的に実施することが、呼吸筋トレーニングの時間を無理なく確保できるという意図からしてよいかもしれません。一般人などを含めた運動パフォーマンス向上を目的とした呼吸筋トレーニングの研究では、基本的には毎日のよう（週に5〜6日）に呼吸筋トレーニングを実施することが主流となっています。しかし、これまでの長距離ランナーを対象にした研究のうちで、著者の知る限り最もトレーニング頻度が少ない研究によると、週に5日の頻度で4週間の呼吸筋トレーニングを実施させた後、3カ月間まで頻度を週に2日に変更しても、走パフォーマンスは呼吸筋トレーニング前よりも高く維持されていたことが報告されています。したがって、呼吸筋トレーニングの頻度を週に2日まで落としたとしても、呼吸筋トレーニングを続ける価値がありそうです。

　また、呼吸筋トレーニングの効果は、比較的残存しやすいことが報告されているため、なかなか継続して時間を取れない場合などには、期分け（ピリオダイゼーション）に応じてトレーニングに取り入れる期間を設けてもよいのかもしれません。さらに、呼吸筋トレーニングの効果は、1週間ほどの期間を空けたほうがトレーニング実施の翌日よりも高く得られたことが報告されています。そのため、大事な試合のギリギリまで呼吸筋トレーニングを実施し続けるのではなく、試合の1週間ほど前から呼吸筋トレーニングの実施をある程度控えて、トレーニングにより蓄積した疲労をうまく取り除く（テーパリング）期間を設けたほうがよさそうです。

　そのほか、アスレティックリハビリテーションのプログラムへ呼吸筋トレーニングを組み込むのはいかがでしょうか。日本陸上競技連盟のジ

ュニアアスリート障害調査委員会による調査結果から考えても、クセの
あるランニングフォームや走り込みによる過度な負荷の蓄積など、さま
ざまな要因から障害を起こしてしまう選手がどの年代にも少なからずい
るのが残念ながら実状かと思います。アスレティックリハビリテーショ
ンのプログラムに呼吸筋トレーニングを組み込むことで、中・長距離走
のパフォーマンス低下を抑制できるか否かについて、実際に証明した研
究は著者の知る限り未だありません。しかし、これまでの知見を踏まえ
ると、競技へ復帰する期間までに起こってしまう、そのようないわゆる
ケガに苦しんでいる選手の競技パフォーマンス低下を抑えるためにも呼
吸筋トレーニングは有効であると考えられますので、そうした選手への
トレーニングプログラムのひとつとして導入しない手はないでしょう。

　こうした選手では、主に自転車や水泳などの走動作とは異なる様式、
あるいは特別な装置（空気圧を調整することで下肢にかかる負荷を軽減
できる装置）を利用することで心肺へ負荷をかけたり、レジスタンスト
レーニングにより骨格筋へ負荷をかけるようなプログラムを実施されて
いたと思います。こうしたこれまでのトレーニングに加えて、下肢など
の末梢に起こってしまった障害にほぼ負担をかけずに実施できる呼吸筋
トレーニングが中・長距離走のパフォーマンス低下を抑えること、そし
てこれまで狙ってトレーニングが十分に行えていなかった「呼吸筋」に
刺激を与え、競技へ復帰後には中・長距離走の競技記録をさらに向上さ
せるために活躍してくれるものと予想しています。

　呼吸筋トレーニングの効果が調査されてきた主な運動様式はサイクリ
ングです。それに比べるとランニングは数多くなく、対象が一般の健常
者やレクリエーションランナーとなればなおさらです。競技レベルの高
いランナーに限定した場合、該当する研究報告はまだほんのわずかで
す。そのため、陸上競技の中・長距離走の競技記録を向上させるための
「至適な」呼吸筋トレーニングを具体的に明示し普及させるためには、
さらなるエビデンスの蓄積が必要となります。こうした現状を前提とし
つつも、本章はランナーあるいは中・長距離走を対象にしたいくつかの
研究を紹介しながら、これまでに蓄積されてきた生理学的あるいはバイ
オメカニクス的な知見と著者の経験から、呼吸筋トレーニングの重要性

と実施ポイントを解説してきました。

　著者の知る限り、少なくとも呼吸筋トレーニングによって中・長距離走のパフォーマンスが損なわれる報告はなく、トレーニングを実施するための時間的な制約があるものの、うまく工夫することで時間を捻出しながら呼吸筋トレーニングを通常のトレーニングに加えるメリットは大きいように感じています。

［参考文献］

1) Edwards AM, Cooke CB. Oxygen uptake kinetics and maximal aerobic power are unaffected by inspiratory muscle training in healthy subjects where time to exhaustion is extended. Eur J Appl Physiol. 93(1-2): 139-144, 2004.

2) Edwards AM, Wells C, Butterly R. Concurrent inspiratory muscle and cardiovascular training differentially improves both perceptions of effort and 5000 m running performance compared with cardiovascular training alone. Br J Sports Med. 42(10): 823-827, 2008.

3) Hanon C, Thomas C. Effects of optimal pacing strategies for 400-, 800-, and 1500-m races on the VO2 response. J Sports Sci. 29(9): 905-912, 2011.

4) Katayama K, et al. Effects of respiratory muscle endurance training in hypoxia on running performance. Med Sci Sports Exerc. 51(7): 1477-1486, 2019.

5) Kibler WB, Press J, Sciascia A. The role of core stability in athletic function. Sports Med. 36(3): 189-198, 2006.

6) Leddy JJ, et al. Isocapnic hyperpnea training improves performance in competitive male runners. Eur J Appl Physiol. 99(6): 665-676, 2007.

7) Mickleborough TD, et al. Inspiratory flow resistive loading improves respiratory muscle function and endurance capacity in recreational runners. Scand J Med Sci Sports. 20(3): 458-468, 2010.

8) Ohya T, et al. The 400- and 800-m track running induces inspiratory muscle fatigue in trained female middle-distance runners. J Strength Cond Res. 30(5): 1433-1437, 2016.

9) Tong TK, et al. "Functional" inspiratory and core muscle training enhances running performance and economy. J Strength Cond Res. 30(10): 2942-2451, 2016.

10) Tong TK, et al. The occurrence of core muscle fatigue during high-intensity running exercise and its limitation to performance: the role of

respiratory work. J Sports Sci Med. 13(2): 244-251, 2014.

11) Williams JS, et al. Inspiratory muscle training fails to improve endurance capacity in athletes. Med Sci Sports Exerc. 34(7): 1194-1198, 2002.

マラソンとウルトラマラソンのための
呼吸筋トレーニング

山地啓司

　マラソンやウルトラマラソンの記録はエネルギー出力の大きさである最大酸素摂取量（$\dot{V}O_2max$）と酸素摂取水準（$\%\dot{V}O_2max$）、およびこれらのエネルギーの出力をいかにランニングに使うかの経済性（効率）によって決まります。たとえば、この三要素でマラソンの記録は81％が、ウルトラマラソンは87％が決まると考えられています。しかし、長丁場のレースでは実に多くの他の要素が記録に影響を与えます。たとえば、①気象条件（気温や湿度、風力や風向など）、②コースの特性、③心理的状態（やる気や集中力）、④心肺機能の疲労状態、⑤血糖値の低下、⑥活動筋（脚筋）の疲労や損傷、⑦脱水や低ナトリウム（水分の取りすぎ）の進行状態、⑧呼吸筋の疲労状態、等々です。

　本章ではマラソンとウルトラマラソンに関する共通理解を図るため、まず歴史を紹介し、その後マラソンやウルトラマラソンレースなどにおける呼吸筋の疲労やトレーニングによる生理的変化や改善、およびパフォーマンス向上の可能性に焦点を絞りながら解説します。

マラソンとウルトラマラソンの小史

　マラソンは故事にならって、第1回アテネオリンピックから「マラソン」と呼ばれるようになりました。現在のマラソンの正式な距離は1924年パリオリンピックに採用された42.195kmです。現在の公認記録の条件はスタート地点とフィニッシュ地点までの①距離が42.195kmであること、②直線距離が42.195kmの1/2以内であること、③標高差が－42m以内であることです。この条件に満たない有名なマラソン大会は

図6-1　1880年でロンドンで開催された第11回6日間ウルトラマラソン大会の広告（Ultramarathon　JE.Shapiro[1] から引用）

ボストンマラソンです。現在この大会の記録は未公認扱いになっています。

　ウルトラマラソンはマラソンの42.195kmよりも長い距離のランニングのロードレースの総称で、コースやルールは千差万別です。距離走には50km、100km、50マイル、100マイルなどが、時間走には6時間、12時間、24時間、48時間など、現在多様な距離で行われています。レースの仕方には、1日で終了するシングル・ステージレースと複数日にわたって断続的に行われるマルチ・ステージレース（6〜10日）が、また、北アメリカ横断レースのように約2〜3カ月かけて行われるレースもあります。コースは一般道路のほかに、山野、海辺の波打ち際、砂漠などを走ったり、山岳地帯を走るトレイルレースランニングなど多彩です。

　ウルトラマラソンはマラソン（1896年）よりも早くから行われています。初期には超長距離レースは賭け事の対象として行われていましたが、徐々にスポーツ化されたようです。図6-1で示されているように、最初は○○チャンピオンシップと呼ばれ、ウルトラマラソンと呼ばれるようになったのは20世紀に入ってからです。ウルトラマラソンにとり

わけ熱心だったのは英国と米国です。20世紀に入るとロンドン・ブライトン間55マイルや、南アフリカのコムラッズ54マイルロードレースが開催され、現在も人気のある大会として世界的に有名です。米国では1890年に、第1回（1890年）アメリカ横断（3800マイル）レースが開催され、1位は80日と5時間で走破しています。

　我が国では1898年に慶応義塾の三田〜箱根湯本間87kmレースが、1901年には上野不忍池の周囲を走る12時間レースが開催されています。

　ウルトラマラソンに出場する選手のほとんどがマラソンの経験者ですが、その多くが無名の選手です。その例外的な選手には1928年のアムステルダムオリンピック4位に入賞した山田兼松がいます。山田選手はオリンピック出場の翌年に8日間をかけて走る大阪〜東京間ウルトラマラソン（643km）に出場し、合計59時間29分11秒で優勝しています。近年では1998年のサロマ湖（常呂）100kmに砂田貴裕（マラソンの生涯記録 2:11:03）が6時間13分11秒、女子では2000年に同じ大会に出場した安倍友恵（マラソンの生涯記録 2:26:09）が6時間33分11秒のそれぞれ世界最高記録で優勝しています。砂田の記録は2018年に風見尚（6:09:14）に破られましたが、日本人が世界最高記録保持者となって20年以上も続いています。ウルトラマラソンの理論的基礎を築いたのは英国のArthur Lewis Newtonです。彼は1920年代の最強のウルトラランナーとして活躍し、引退後は自主的指導者として後任の育成に尽力し、彼が書いた4冊の著書は今日でもウルトラマラソンのバイブルとして広く読まれています。

マラソンやウルトラマラソンでは
呼吸筋疲労が生じるか

　マラソンやウルトラマラソンのような長時間の運動によって呼吸筋は疲労し、呼吸効率が低下することが知られています。

1）マラソンと呼吸筋疲労

　マラソンによって呼吸筋が疲労することを初めて明らかにしたのは米国のGordon et al（1924）[2]です。博士は1923年にボストンマラソン・フ

ィニッシュ後の努力性肺活量（FVC）が約17％低下したことを、続いてスイスのHug（1928）[3]は1927年と1928年に開催されたスイスマラソンレース後にFVCが約18％低下したことを、それぞれ報告しています。その次の報告は、第二次世界大戦の影響もあり、約40年後の1979年にMaron（1979）[4]がアメリカウィスコンシン・マイフェアーマラソンのフィニッシュ直後のFVCが8.6％、1秒量（FEV）が26.7％低下したことを認めています。後に、この原因が呼気筋疲労に伴う機能的残気量（FRC）の増加によることが明らかにされ、1990年代に入って長時間の持久性のレースでは呼吸筋の疲労がパフォーマンスに重大な影響を与えると考えられるようになりました。

その後、マラソンやウルトラマラソンの超長距離レースにおける呼吸筋の疲労や強化がいかにパフォーマンスに影響を与えるかに関する学術的研究が行われるようになりました。たとえば、英国のRoss et al（2008）[5]は、実験室内の一定の環境条件下でトレッドミルを用いてマラソン経験者が、乳酸性閾値（乳酸が急激に増加する変異点）の走スピード（vLT）よりも5％遅いペースで、42.195kmを走り切る実験を行っています。それによると、フィニッシュ後20分以内に肺に外気を吸い込む力（吸引力）の指標である最大吸気口腔内圧（PImax）が15.3％、そのときのピーク吸気流量（PIF）が22.2％、活動筋である最大脚筋力が16.7％、それぞれ低下していることを認めています。

また、南アフリカのBosch et al（1990）[6]は環境条件を一定にした実験室でのトレッドミル走テストで、南アフリカの黒人選手と白人選手を2つのグループに分け、その生理的応答を比較しています。テストの結果、選手各自が同じ相対的な％$\dot{V}O_2$maxのランニングスピードで42.2kmを走り、マラソンの所要時間の60〜70％に達したときの白人ランナーの呼吸効率（$\dot{V}_E/\dot{V}O_2$）は黒人ランナーに比べ大きく低下していました。さらに、トレッドミル走行前の測定結果から呼吸筋の強い上位3名と下位の3名の両グループの最大脚筋力の低下率と所要時間を比較したところ、前者が3.1％±2％、197±15分に対して、後者が30.0％±16％と217±12分と大きな違いが認められました。両グループの42.2km走行テストの結果から、いずれのグループも呼吸筋の持久性能力の低い者ほど脚筋の疲労度が大きくなり、脚筋の疲労が亢進すること

でマラソンの記録低下が顕著になったことが示唆されました。したがって、呼吸筋を強化することは記録向上に結びつくと考えられています。

2）ウルトラマラソンと呼吸筋疲労

　ウルトラマラソンレース（80.6 kmあるいは100 km）を完走した15名のランナーの努力性肺活量（FVC）が12.4％、1秒量（FEV）が9.5％、ピーク呼気量が13.7％それぞれ低下すること、また、ウルトラマラソンのトータルの標高が5862mに達する難コースのフィニッシュ後は、レース前に比べ1秒率（FEV_1）が7.3％、ピーク吸気流量（PIF）と呼気流量（PEF）が16.8％と13.8％、さらに、最大自発的換気量（MVV）が16.8％それぞれ低下していることが報告されています。

　また、米国のWarren et al（1989）[7] は、米国24時間ウルトラマラソンチャンピオンシップ大会の主催者から許可を得てレース中に3時間ごとの呼吸筋疲労度の変動を調べました。その結果、ランニングスピードの低下（図6-2）に伴って努力性肺活量（FVC）、1秒率（FEV_1）、最

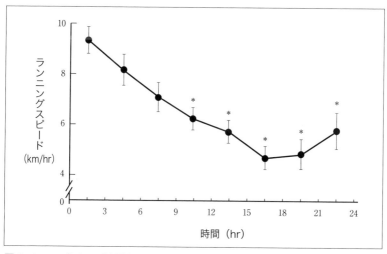

図6-2　10名の24時間ウルトラマラソンにみられる3時間ごとの平均ランニングスピードの変動

＊0〜3時間の平均スピードと他の3時間ごとのランニングスピードとの有意差（p<0.05）を示す（Warren GL et al, 1989）[7]

大吸気・呼気口腔内圧（PImax・PEmax）などの呼吸筋機能もそれぞれ低下しましたが、有意な低下を示すまでには至りませんでした。しかしこのことは呼吸筋の機能低下に伴ってランニングスピードも低下することを示唆しています。

呼吸筋トレーニングによる生理的応答と
パフォーマンスへの影響

　呼吸筋トレーニングの主目的はパフォーマンスを高めることです。しかし、呼吸筋トレーニングによるマラソンやウルトラマラソンのパフォーマンスの成果を、タイムトライアルで確かめることは距離が長いために難しいことから、パフォーマンスの改善は、走スピードを決定する$\dot{V}O_2max$、%$\dot{V}O_2max$、およびランニングの経済性の生理的応答と一定スピードの持続時間（パフォーマンス）によって検証されています。その結果これまでの呼吸筋トレーニングでは$\dot{V}O_2max$には改善が認められませんが、マラソンやウルトラマラソンを走る際の走スピードの指標である乳酸性閾値（vLT）の改善、あるいは、この改善に伴う%$\dot{V}O_2max$の向上が認められています。換言すれば、呼吸筋トレーニングの最大の効果はランニングの経済性の向上と、それに伴うLTが発現する走スピード（vLT）の高まりにあります。

　これらの呼吸筋トレーニングの効果は、①呼吸筋の筋力や持久力の強化、②呼吸効率（肺換気量/酸素摂取量：$\dot{V}_E/\dot{V}O_2$）の向上、②一定ランニングスピードの主観的呼吸困難度（RPE）の低下、③コア筋の筋力と持久力の向上などによるランニングの経済性と記録向上にあります。

1）呼吸筋トレーニングは呼吸筋の筋力と持久力を高める

　呼吸筋の疲労はランニングの強度（%$\dot{V}O_2max$）が高いほど早く現れ、強度が低くなるにつれゆっくり遅く現れます。マラソンの走行中の心臓機能からみた運動強度は最大値の約90％を越えていますが、肺の機能的強度は最大値（$\dot{V}_Emax$）の約70％にすぎません（図6-3）。したがって、持久的ランニングだけでは呼吸筋への刺激は不十分です。また、ランニングで高強度のトレーニング（たとえばタイムトライアルやレペティシ

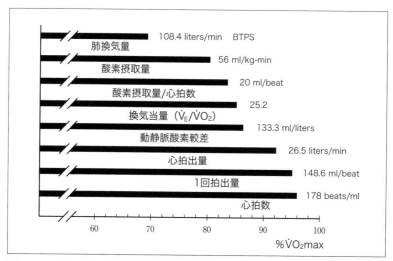

図6-3　9名のマラソンランナー（平均レースタイム　2:26:30）レース中にみられる呼吸・循環機能の各測定項目の最大値に対する割合（Fox & Costill, 1972）[8]

ョン）を行っても呼吸筋への刺激時間が短かすぎて、持久力を高める刺激の長さとしては不十分です。そこで、呼吸筋のトレーニングはランニングだけでなく、別途時間を割いて静的な状態で行う必要があります。

2）呼吸筋トレーニングは呼吸効率と乳酸性閾値を高める

マラソンやウルトラマラソンのランニングスピードは乳酸性閾値（vLT）

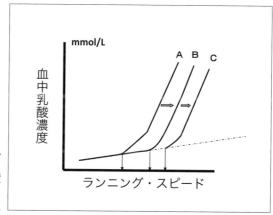

図6-4　トレーニングにみられる血中乳酸濃度の右傾の概説図

が指標になります。乳酸性閾値とは、ランニングスピードに対する血中乳酸濃度の急激な増加の始まり（変移点）を指します。呼吸筋トレーニングの主目的はvLTの右方向への移行（右傾）であり（図6-4）、そのためにはvLT点における走行中の$\dot{V}O_2$を下げること、すなわち、呼吸効率を高めることです。これまで多くの研究者によって、呼吸筋のトレーニングが一定スピードにおける血中乳酸濃度の低下や運動の経済性を高め、ランニングや自転車のタイムトライアルの記録を改善することが報告されています。

3）主観的運動強度（RPE）を緩和する

　最近では、心肺と活動筋（ランニングでは脚筋）の疲労感をそれぞれ区別して2つの主観的運動強度（RPE）を調べることが多くなっています。図6-5はマラソンの経験者と未経験者のマラソン走行中の5kmごとの心肺と脚筋のRPEを経時的に調べたものです。この図から、マラソンの経験の有無に関係なく①走行距離が長くなるにつれ心肺および脚筋のRPEが高くなり、全コースを通じて②脚筋のRPEが心肺のそれを

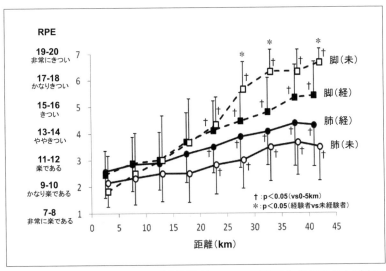

図6-5　マラソン経験者および未経験者の5km区間ごとの心肺および脚の
RPEの経時的変化（森ら，2014）[9]

上回る。③両グループとも脚のRPEが肺のそれよりも高い。また、④経験者の脚のRPEは未経験者のそれよりも低いが、肺のRPEは逆に経験者の方が未経験者よりも高くなっています。この実験では、両グループの走行速度が異なることから、同じ物差しで評価できませんが、両グループとも脚の疲労感が肺の疲労感よりも早く出現していることを示唆しています。また、経験者は肺の疲労感を高くすることで脚の疲労を補っていることを示唆しています。すなわち、マラソン走行中に脚のRPEと肺の疲労感を可能な限り平均化することでより長く高速で走ることを可能にしていると推測されます。

4）体幹の呼吸補助筋を鍛える

　欧米では体幹（trunk）とコア（core）は区別して使われます。体幹とは骨盤・腰部に関与している筋群を指し、コアとは腰部・骨盤・大腿（股関節筋）に関与する筋群と定義して使っています。本章では、その定義に従ってコア筋と体幹を区別しながら、次項で解説します。

呼吸筋トレーニングとコア筋トレーニングの効果

　ヒトの直立二足歩行・走行を可能にしたのは大殿筋や大腰筋などのコアの筋群の発達に負うところが大きい。コアを構成する29個の筋肉は、骨盤に脊柱と大腿骨を機能的に結びつけ、相互に連携し合い合目的的に機能しています。コアの上部に位置する体幹の筋肉の多くは呼吸筋の補助筋として働きます。たとえば吸気筋では、横隔膜、肋間挙筋、外肋間筋などの主働筋と、大胸筋、小胸筋、前鋸筋などの補助筋、呼気筋では主働筋の内肋間筋や補助筋の腹直筋、腹横筋、外腹斜筋などがあります。これらの呼吸筋は腹腔内圧や胸腔内圧を調節、すなわち呼吸の長さ、深さや頻度などを調節しながら、全身の動きやリズムと連動して合目的的に作用します。マラソンやウルトラマラソンでは距離が長いだけに、ランニング姿勢やフォームの乱れを矯正するため体幹の筋肉が合理的に作用します。したがって、体幹部の筋肉と呼吸筋のトレーニングを同時に行うことは、安定した呼吸や体幹の働きを維持するために有効となります。

運動強度が軽度（＜vLT）では呼吸筋の主働筋が主に働きますが、乳酸性閾値を超え過呼吸が始まる頃（＞vLT）になると、体幹部にある呼吸の補助的筋肉の介入が始まります。たとえばエネルギー消費量からみると、呼吸筋で使われる酸素消費量（$\dot{V}O_2$）はvLTが出現するまでは全身酸素消費量（$\dot{V}O_2total$）の約4％にすぎませんが、それ以降ランニングスピードの高まりに伴って指数関数的に高まり、オールアウトに達する頃には10〜15％まで増加します。この酸素消費量の増加は、呼吸の主働筋はもちろん、補助筋の腹直筋、腹横筋、外腹斜筋など体幹にある大きな筋肉の介入によるものです。とくに、呼気筋は吸気筋に比べ収縮の速い筋線維（タイプⅡ）が多いことから疲れやすい特性があります。それは、レース中に呼吸が苦しくなると無意識的に空気を強く吐き出そうとする行為に現れてきます。

　呼吸筋の酸素消費量の高まりは、主要な呼吸筋の活動水準の高まりと呼吸の補助筋の活動水準の高まりによるものです。補助筋で消費される酸素量をいかに少なくするかが、呼吸効率を高める大きなカギです。

ウルトラマラソンへのバックパックの重さの影響

　ウルトラマラソン（本稿ではウルトラマラソンの中にトレイルランニングを含む）は走行距離や競技時間が長いうえに途中標高が高い峠（＜4000m）や昼夜の気温差が著しい砂漠、さらに、川の渡渉や上り下りの激しい難コースなどがあるので、さまざまなコースを想定しながら必要な携帯品を準備しなければなりません。そのため、ランニング用のナップザックやキャリアバッグ（本章ではバックパックに統一）は救急用の医薬品、防寒着や着替え、雨具、水分・食料、あるいは替えのシューズなどを詰めるとその重さが15〜20kgにもなります。重いバックパックは上り下りの多いコースでは呼吸循環系や下肢の筋肉への負担を高めます。バックパックの重さが大きくなるにつれ胸部への圧迫が強まり、体幹の筋肉だけでなく呼吸筋への負担も大きくなります。

1）バックパックの重さの呼吸筋への影響

　バックパックなどの帯は肩や胸部を圧迫しスムーズな呼吸を妨げま

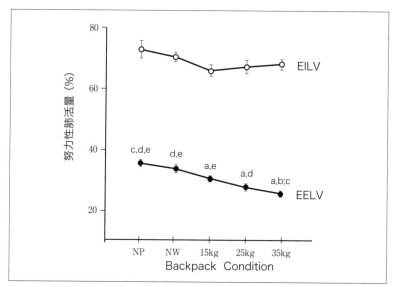

図6-6　5つのバックパックの条件ウォーキング後における相対的肺容量（%FVC）の違いの比較

○は終末吸気肺容量（EILV）を、●は終末呼気肺容量（(EELV）。また、NP：no backpack（a）、NW：no weight（b）、15kg weight（c）、25kg weight（d）、35kg weight（e）、●の上のアルファベットはその点の値との間の有意差（P<0.05）を示す。(Dominelli et al, 2012)[10]

　す。カナダのDominelli et al（2012）[10]の健康な男性を対象にしたトレッドミルの速度を時速4km、傾斜角度10％に固定し、5種類の異なった重さのバックパック*1を背負ったウォーキングでは、努力性肺活量（FVC）の低下率が3％（15kg）、5％（25kg）、8％（35kg）とバックパックが重くなるにつれて大きくなります（図6-6）。FVCの低下は終末呼気肺容量（呼気から吸気の切り替え点）や終末吸気肺容量（吸気から呼気に切り替え点）の低下によるもので、その原因は胸壁のコンプライアンス（ひずみとそれを引き起こす外力との比）の低下に伴う胸郭の

＊1：バックパックを背負わない：NP、重りがゼロのバックパックを背負う：NW、バックパックに15kg：25kg：35kgの荷物を入れた場合

広がりの縮小（バックパックの帯の胸部への圧迫）によるとみなしました。すなわち、重いバックパックはそれだけ呼吸筋の仕事を増加させます。たとえば、呼吸筋の仕事は歩行中にバックパックを背負わない場合が32±4.3 J・min^{-1}に対して、35kgのバックパックを背負った場合は88±9.0 J・min^{-1}と約3倍になります。

　これまでの報告では、15kg以上のバックパックを背負い、トレッドミル上をウォーキングすると呼吸筋が有意に疲労することが報告されています。しかし、これは距離の短いウォーキングで得られたデータによることから、ウルトラマラソンのような長時間のランニングではたとえ15kg以下でも呼吸筋や脚筋への負担や疲労は大きくなり、また、バックパックのフィット性によっても疲労度が違ってくると考えられます。

　これらを考慮すると、ウルトラマラソンレースではバックパックの重さを考慮した体幹の筋肉と呼吸筋のトレーニングをしなければなりません。とくに、ウルトラマラソンでは呼吸困難、肺浮腫・肺水腫あるいは末梢気管の閉塞などの発症率が高いことから、これらのリスクを防ぐためにも呼吸筋トレーニングは必須です。

2）コア筋トレーニングと呼吸筋トレーニング

　コア筋の一部である横隔膜は腹腔内圧や胸腔内圧の変動と四肢の動きやリズムなどを複合的に調節します。香港大学のTong et al（2014）[11] は

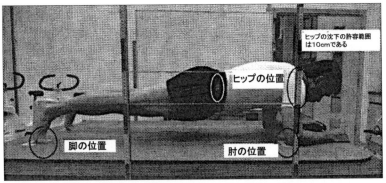

図6-7　持続性プランクテスト（SEPT）のテスト風景。被験者は基本的プランク姿勢を維持している（Tong et al, 2014）[11]

高強度のオールアウト走（＞85％$\dot{V}O_2$max）を行うと、コア筋と吸気筋が同じように疲労することや、コア筋の安定度の指標であるSEPTテスト（図6-7）と最大吸気口腔内圧（PImax）との間に密接な関係があることを認めています。そして、吸気筋トレーニングとコア筋トレーニングを複合的に行うことが、最大吸気口腔内圧（PImax）とコアの安定度（SEPT）を高めることを明らかにしています。香港大学の研究チームのこれまでの報告から、コア筋と呼吸筋の複合的トレーニングをインターバル的に行うことが、コアの安定性や呼吸効率を高め持久性のパフォーマンスを有意に向上させると言えそうです。

3）体幹部の呼吸に関連する筋肉を鍛える事例

　体幹にある呼吸筋のトレーニングは立位、横位、仰臥位の姿勢で行います。たとえば、仰臥位で両手にダンベル（1〜5kg）を持ち、正常姿勢（「気をつけ」の姿勢）から、①肘を伸ばして息を吸いながら（吸気）両手を挙上し、そのまま頭の後方の床に手をつけます。次に、肺に空気を一杯満たした後、②呼気をしながら両手を挙上し、元の正常姿勢に戻

図6-8　背中の下にストレッチポール・ハーフカットを敷き仰臥姿勢になる。両手にダンベルを持ち、左右に腕を床に下ろした状態から両腕を伸ばした状態で空気を大きく吸いながら速く真上に挙上する。それから肺の空気を約30秒かけながらゆっくり吐き出しながら床につくまで真横に下ろす。呼気はゆっくり時間をかけ行わなければならない。

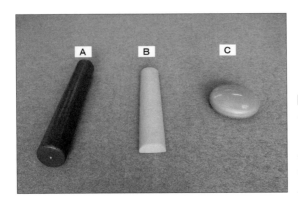

図6-9 A：ストレッチポール、B：ストレッチポール・ハーフカット、C：バランスディスク

ります。これを1回とし連続5〜10回を1セット、セット間に休息を入れながら2〜3セット実施します。次に、同じく仰臥位でタンベルを持った手を真横に広げ手を床につけた状態から大きく息を吐いた後、①肘を伸ばしたまま吸気をしながら挙上し（図6-8）、次に、②呼気をゆっくりしながら元の姿勢に戻ります。これを1回として5〜10回を1セット、セット間に休息を入れながら2〜3セット実施します。ダンベルは筋力を強化する場合には同じ動作を普通のスピードで最大5〜10回しかできない重さで繰り返します。また持久性を強化するためには同じ動作を30回以上連続して続けられる重さが適切です。立位姿勢の場合も同じ要領で呼吸筋の筋力や持久力のトレーニングを行ってください。横位（横向き）姿勢では上になる手にダンベルを持ち同じように可動範囲一杯に挙上（約90°）して、その後元の姿勢に戻ります。横位姿勢も同じ回数とセットが行えるようにダンベルの重さを調節します。なお、1週間に行う日は隔日の3日です。

　仰臥姿勢の場合には、あらかじめストレッチポールあるいはストレッチポール・ハーフカット（図6-9）を床に置き、その上に脊柱を合わせて仰臥姿勢を取り（安定性を確保するために膝を曲げた姿勢）、前述の両腕の挙上や左右への伸展運動を呼吸と同期しながら行うことで、より胸郭を広げた体幹部の呼吸筋トレーニングを行うことができます（図6-8参照）。大事なことは、胸郭を広げる動作では吸気を広げた胸郭を元に戻す動作では呼気を行うこと、また、筋力を強化するのか持久力を強化するのかの目的に合わせてダンベルの重さを調整します。

また、コアトレーニングと合わせて実施する際には、たとえば、バランスディスクの上で安定した立位の正常姿勢を保ちながら、前述の両腕の挙上や左右への伸展運動を呼吸と同調させながら行います。マラソンやウルトラマラソンは持久性の競技ですので、筋量を増やしすぎないようにダンベルの重さを適切に調節してください。

マラソンやウルトラマラソンレースにおける傷害・疾病の可能性

マラソンやウルトラマラソンは距離が長いだけに着地の際に受ける足や脚へのトータルの衝撃が大きくなるので、傷害や疾病に陥るリスクが高まります。感染症には風邪やインフルエンザ、新型コロナウイルス、肺炎や結核、百日咳、流行性角結膜炎などがあり、その主な症状は飛沫感染や大気汚染による喉や気道の炎症、それに伴う咳や痛みです。

米国のニーマン（Nieman, 1994）[12]は、ロサンゼルスマラソンの完走者を対象にした調査でレース後1週間以内にランナーの12.9％が風邪にかかり、レースに参加しなかったランナーの2.2％に比べ約6倍多いことを、また、レース前の1週間の走行距離が長いほど風邪にかかりやすく、かかるか・かからないかの走行距離のターニングポイントは40〜50km/週であることを報告しています。南アフリカで行われた伝統のコムラッズウルトラマラソン（約90km）ではレース後に完走者の風邪にかかる率が、出場しなかった者の約2倍になったと報告されています。

マラソンやウルトラマラソン選手は普段の練習中に呼吸筋を強化していますが、風邪の罹病率は一般人に比べむしろ多くなっています。ただし、かかった後に重篤化する率は低いようです。予防としては、トレーニング後の手洗いやうがいなどの励行です。

まとめにかえて

マラソンやウルトラマラソンの走行中の運動強度は60〜80％$\dot{V}O_2$max とトラック種目（＞85％$\dot{V}O_2$max）に比べて低いが、2時間を超える長

丁場のレースなので呼吸筋へのトータルの負担は大きくなります。とく
に、トレイルランニングはレースでの必需品が入ったバックパックを背
負って、足場が悪く、しかも、上り下りの多い難コースを長時間走らね
ばならないので、呼吸筋やコアトレーニングを積極的に、しかも、複合
的に行わなければなりません。なぜなら、呼吸機能の低下とともに走ス
ピードは確実に低下するからです。

　本章では内外の研究結果をもとに述べましたが、対象となった被験者
の多くはレクリエーション的ランナーです。そのためここで紹介したト
レーニング方法が競技水準が異なったすべてのランナーに適合するとは
限りません。そこで、本章の理論やトレーニング方法を参考に試行錯誤
をしながら、自分に合ったよりよいトレーニング方法を見つけ出してく
ださい。

[参考文献]

1）Shapiro JE. Ultramarathon. 1980 BANTAM BOOKS. Toronto.
2）Gordon B, et al. (1924) Observations on a group of marathon runners with special reference to the circulation. Arch Intern Med. 33: 425-434.
3）Hug O. (1928) Sportärztliche Beobachtungen vom I. Schweizerrischen Marathonlauf 1927, unter besonderer Berücksichtingung des Verhaltens der Kreilauforgane und der Atmung. Schweiz Med Wochenschr. 58: 453-561. Cited by Maron et al. (1979).
4）Maron MB, et al. (1979) Alterations in pulmonary function consequent to competitive marathon running. Med Sci Sports. 11: 244-249.
5）Ross E, et al. (2008) Changes in respiratory muscle and lung function following marathon running in man. J Sports Sci. 26: 1295-1301.
6）Bosch AN, et al. (1990) Physiological differences between black and white during a treadmill marathon. Eur J Appl Physiol and Occup Physiol. 61: 68-72.
7）Warren GL, et al. (1989) Does lung function limit performance in a 24-hour ultramarathon? Respir Physiol. 78: 253-264.
8）Fox EL and Costill DL. (1972) Estimated cardiorespiratory responses during marathon running. Arc Environ Health. 24: 316-324.
9）森寿仁ら（2014）市民マラソンレースにおけるランナーの疲労性とパフォーマンスに関連する要因；いぶすき菜の花マラソンを対象とした調査研究. ランニング研究. 25: 9-18.

10) Dominelli PB, et al. (2012) Effect of carrying a weighted backpack on lung mechanics during treadmill walking in healthy men. Eur J Appl Physiol. 112: 2001-2012.

11) Tong TK, et al. (2014) The occurrence of core muscle fatigue during high-intensity running exercise and its limitation to performance: The role of respiratory work. J Sports Sci Med. 13: 244-251.

12) Nieman DC. (1994) Exercise, infection, and immunity. Int J Sports Med. 15: S131-S141.

登山における呼吸筋の
役割と必要性

森　寿仁

　登山は老若男女が楽しめる生涯スポーツのひとつであり、他の競技スポーツとは異なって、順位や記録、あるいは勝ち負けを競うものではありません。また、大多数の登山者は、生涯スポーツとして安全、快適、健康的に行いたいと願っているでしょう。

　本章では登山の特徴を踏まえ、安全、快適、健康的に登山を行うための呼吸筋の役割と必要性について解説します。

登山の特徴

　登山はバックパック（リュックサック）を背負って、上りや下りのある不整地を自身のペースで長時間歩行するという特徴があります。また、健康増進を目的に中高齢者、とくに60歳代以上の実施率が高い運動でもあります。加えて、登山中は山頂に向かうにつれて標高が上昇するため、大気圧の低下が起こり、低酸素環境にも曝露されていくことになります。

　したがって、登山の特徴である、①バックパック（リュックサック）による影響、②上り、下りによる影響、③長時間歩行による影響、④加齢による影響、⑤低酸素による影響、の観点から呼吸筋の必要性について解説します。

1）バックパックによる影響

　登山は雨具、着替え、食料、防寒用衣類などを詰めたバックパックを背負いながら行うことが一般的です。その重さは、一般的に体重の1/4

～1/3程度（体重60kgの人で15～20kg）と言われていますが、登山の難易度や形態（日帰り登山、連日の縦走登山、クライミングを伴う登山）によって大きく変わります。ここで問題となるのは、バックパックの重さを支える肩ストラップや、バックパックを身体に密着させるために締める胸・腰ストラップが肩、胸、腹部を圧迫し、自然な呼吸を妨げてしまうことです。

Dominelli et al（2012）[1]は、健康的な若年男性（平均身長179.6cm、平均体重80.2kg）を対象に、15kg、25kg、35kgの異なる重さのバックパックを背負った際の、努力性肺活量（Forced Vital Capacity：FVC）を測定し、それぞれ平均でおよそ3％、5％、8％有意に低下したことを報告しています。また、1秒量（1秒間に吐き出せる最大呼気量）も測定し、25kg、35kgの重さのバックパックを背負った際に、それぞれ平均でおよそ4％、6％有意に低下したことを報告しています。この被験者の平均体重が約80kgなので、体重の1/4程度のバックパックで、呼吸機能は低下していると言え、この状態で登山を実施することは呼吸筋への負荷が高まる可能性があることを示唆した結果と言えます。

また、Faghy et al（2014）[2]は活動的な若年男性を対象に、25kgのバックパックを背負った場合（バックパック条件）と背負わない場合（コントロール条件）で、傾斜0％のトレッドミル上で時速6.5km、1時間歩行した前後の吸気（PImax）および呼気（PEmax）の口腔内圧から呼吸筋の疲労度を検証しています。その結果、コントロール条件では口腔内圧に有意な低下は認められなかったものの、バックパック条件ではそれぞれ、PImaxが11％、PEmaxが13％の有意な低下が認められました。バックパック条件のほうが運動終盤の心拍数や主観的運動強度が高かったものの、心拍数が144bpm、主観的運動強度が12（「ややきつい」と感じる手前）と、登山時の運動強度を想定した場合に著しく高いものではなく、むしろ、安全に登山を行ううえで推奨される程度の運動強度でした。つまり、重量の違いによって影響は異なるものの、バックパックを背負った運動は呼吸筋を疲労させやすい可能性があると言えます。

2）上り、下りによる影響

登山は基本的に上り坂と下り坂の両方を歩行する運動です。また、頂

上を目指すという目的を達成し充実感を得ることを考えたときに、上り坂を歩行することが主たる運動と考える人は多いと思います。しかし、その一方で、上山時よりも下山時に登山事故が多く起こっています。たとえば、国内で登山者が多い長野県の登山事故（山岳遭難）状況の割合をみると、転落、滑落、転倒という「転ぶ」ことに関係しているものが約6割を占めています。また、難しい岩場に挑戦した結果というよりも、多くは下山時に全身（とくに脚筋群）が疲労した状態で下り坂を歩行したときに、足を踏み外したり、バランスを崩したりしてしまうことによって起こっています。つまり、上り下りを含めた「登山」を安全に行うためには、登山に必要とされる体力レベルを把握し、体力レベルに合った山を選択したうえで、体力が不足していれば体力レベルを高めるための努力が必要になります。また、そのためには上り下り歩行時の身体に対する負荷や、身体の応答の特徴についても知っておく必要があります。

萩原ら（2011）[3]は上りおよび下り傾斜が設定できるトレッドミル上で、登山時に変化する要因である歩行速度、傾斜、担荷重量（バックパック重量）を様々に変えて運動させた際の身体への負荷（酸素摂取量から評価）について検討しています。図7-1はその結果を示したものです。横軸は鉛直方向への仕事率を表し、縦軸は酸素摂取量を表しています。鉛直方向への仕事率とは、鉛直方向への登高速度（傾斜×歩行速度）に体重＋担荷重量を掛けたものであり、登山者（体重＋担荷重量）がどれだけ速く垂直方向に移動したかを示しています。ほどよい下り坂歩行時に酸素摂取量は最も低い値を示しており、上り坂歩行時には、鉛直方向への仕事率が大きくなるにつれて直線的（一次関数的）から二次関数的に高まる様子が窺えます。登山は自分の体力に合った山を自分のペースで登ることが必要であり、集団での登山時には体力の低い人にペースを合わせて行うことがほとんどです。しかし、少しの状況変化で運動強度が変化しやすいことを考えると、体力の低い人にとっては、オーバーワークになっている場合があることも十分に考えられます。

加えて、同じ歩行運動で実施されるウォーキングと登山の運動強度を「メッツ」という単位[*1]を用いて比較した場合、ウォーキングは3〜4メッツ（安静時の3〜4倍のエネルギー消費があるという意味）、登山

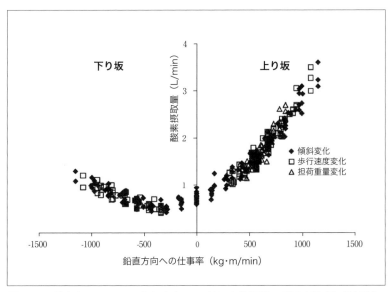

下り坂　　　　　　　　　　　　　　　　上り坂

酸素摂取量（L/min）

◆ 傾斜変化
□ 歩行速度変化
△ 担荷重量変化

-1500　　-1000　　-500　　　0　　　500　　　1000　　1500

鉛直方向への仕事率（kg·m/min）

図7-1　登山をシミュレートしたトレッドミル歩行時の酸素摂取量（萩原ら，2011の図を改変）[3]

（上り区間）は一般的な登山で7メッツ、中〜上級者が行うバリエーション登山で8メッツの運動であると言われており、同じ歩行運動であっても、登山はウォーキングよりも2倍高い強度の運動であると言えます。また、ジョギングが7メッツであることを踏まえると、中高齢者が行う運動としては、かなり厳しい運動であり、呼吸筋を鍛えておくことは、呼吸筋への負荷の軽減による脚筋群への血流の確保を促すことにもつながる可能性があると言えます。

　一方で、下りは歩行速度にもよりますが3〜4メッツ程度であり、メッツから見た運動強度という点ではウォーキングと変わりません。しかし、登山の上りでは重力に逆らって体重を持ち上げたり、水平に移動させたりする能動的な運動であるのに対し、下りでは上りとは正反対で重力の影響で落ちようとする身体を、一定の速さで下れるように脚の筋肉

*1：座位安静時のエネルギー消費量の何倍のエネルギーを消費する運動かを示した単位

でブレーキをかける受動的な運動となります。したがって、この受動的な運動における力発揮がうまくできないときに「転ぶ」事故が起こっていると言えます。当然下山中にも脚部に疲労は蓄積しますが、上り区間での疲労を抑制し、体力を温存しておくことが、下山時の安全性にもつながると言えます。加えて、下り坂をはじめとする伸張性の筋収縮が続く運動時には、呼吸効率（$\dot{V}_E/\dot{V}O_2$）が低下することが知られています（Breiner et al, 2019）[4]。これは、下り坂歩行中に呼吸筋の活動が高まりやすい状況にあるとも言えます。ただし、前述のように、登山の下りではエネルギー消費量自体も大きくないため、その影響は必ずしも大きくはありませんが安全な登山を期すためにも脚筋力とともに、呼吸筋も鍛えておく方が望ましいでしょう。

3）長時間歩行（運動）による影響

　登山は競技・生涯スポーツを問わず、多くのスポーツの中で運動時間が長いものに分類されます。たとえば、東京都民に親しまれ、年間260万人が登る高尾山（標高599m）のような低山であっても、上り約100分、下り約90分（合計3時間10分）程度であり、中高齢者が実施する運動として、しばしば比較対象にされるウォーキングの推奨時間（40〜50分程度）と比較しても、登山は長時間の運動と言えます。加えて、登山は自然の中で実施するため、休憩はできたとしても、自身の脚で上って下ることが基本となるため、途中で止めることが簡単にはできず、行き帰りを含めた計画的な行動が必要となります。したがって、いかに疲労を抑えて登山を行うかが重要となります。また、前述のように、登山は複数人で実施することが多く、基本的に体力の低い人に合わせて登りますが、登山時間が長くなるにつれて、体力が低い人にとって体力の高い人に比べ相対的な負荷が高まることも考えられます。

　山地ら（2004）[5]は、運動部に所属する学生（5名）および中高年登山愛好者（4名）を対象に、1泊2日の立山登山時における心拍数を計測し、1日目の上り基調のルートにおいて、学生の平均で68〜75％HRmax（50〜60％$\dot{V}O_2$maxに相当：全行程の所要時間6時間）、中高年者の平均が64〜87％HRmax（44〜78％$\dot{V}O_2$maxに相当：全行程の所要時間6時間40分）であったことを報告しています。中高年者では年齢に幅はある

ものの（47〜64歳）、長時間同じペースで登山をした場合に、個人によって運動強度が大きく異なっている可能性があることを示した結果と言えます。また、長時間の中強度運動時において呼吸筋の疲労が出現する運動強度の臨界点が70%$\dot{V}O_2$maxと報告されており（山地、2015）、前述の研究においても中高齢者ではこれを上回っている人がいると言えます。

　運動強度は歩行ペースによって調整することはできます。しかし、登山は自然の中で行われるため、気象条件による歩行路面の変化や日没などの影響を受けるため、必ずしも予定通りに行動できるとは限らず、体力レベルの低い人にとって厳しくなる状況があることも考えられます。当然、基礎体力となる、脚筋力や心肺持久力を高めておくことが必要となりますが、長時間運動時の呼吸筋の疲労を抑制するためにも呼吸筋を鍛えておくこともよい手段であると言えます。

4）加齢による影響

　登山は中高年者の参加する割合が高いスポーツであると言われています。図7-2は登山・ハイキングの実施率を男女別に年齢区分ごとに見たものです。年齢が上がるにつれて実施率が高まる傾向にあり、60歳代では男女共に他の年代と比較して実施率が高くなっています。また、中高年者が登山を始める動機として、健康のため、自然への回帰、仲間を求めての3つが多いとも言われています。とくに、健康という点において、256名の中高年登山者に「登山を始めてから、心身の健康でよくなったことや悪くなったことがあれば自由に書いてください」というアンケート調査を行った結果、「健康によい変化が起こった」と答えた人が7割にも達したことが報告されています（山本，2004）[7]。このように、中高齢者にとって、登山は親しみやすい生涯スポーツのひとつと言えます。

　しかし、前述したように一定の体力が必要であり、無理な登山を行うことは命の危険も脅かすものになってしまいます。さらに言えば、加齢に伴って筋力やバランス能力など、身体機能は低下していきます。そして、本書のテーマでもある呼吸（呼吸筋）機能も同様に低下します。したがって、登山は老化と共存しながら行う生涯スポーツであるという側面を有することも理解しておく必要があります。

　安藤ら（2013）[8]は「60歳以上」「喫煙歴が10年以上」「呼吸器系疾患

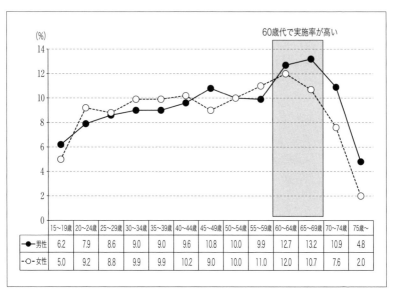

図7-2　登山・ハイキングの実施率（総務省統計局資料より筆者作図）

（喘息、肺気腫、肺水腫など）の既往歴」のいずれかを有する登山者420名（平均年齢：60歳）を対象に呼吸機能検査を行ったところ、男女共に、FVCおよび1秒量が体格や年齢から推定される標準値に対して10%程度高かったことを報告しています。運動習慣（とくに有酸素性運動）を有する高齢者が運動習慣のない高齢者よりも呼吸機能が高いことは想像に難くありませんが、登山でも同様であると言えます。しかし、それを裏返すと、登山中は呼吸筋に対して負荷がかかっている運動であるとも言えます。登山は、他の運動とは異なって途中で中止することが困難なスポーツであり、身体の疲労を抑制させる方策を取ることは登山の安全性、快適性を考えるうえで重要と言えます。

5）低酸素による影響

　登山では、標高が高くなるにつれて、大気圧が低下し、身体内は低酸素状態にさらされていきます。図7-3は、身体内の低酸素状態を反映する指標である動脈血酸素飽和度（SpO_2）が富士山を登るにつれてどの程度変化するのかを示したものです（笹子ら，2011）[9]。運動と休息

を繰り返しながら、標高が上昇するにつれて身体内が低酸素状態になっていることがわかります。また、登山（運動）中は休憩中よりも身体内はより低酸素状態になっていることもわかります。

　また、低酸素環境では、空気が薄く（酸素分圧が低く）なるため、体内への酸素の取り込み量が減少し、$\dot{V}O_2max$もまた低下します。一方、通常酸素環境と低酸素環境において同じ歩行速度で登山（運動）をした場合に消費される酸素摂取量（$\dot{V}O_2$）は同等となります。しかし、高所登山（主に標高2000m以上の登山）とでは、低山登山（標高1000m程度までの登山）に比べ同じ速度で登ったときに最大酸素摂取能力（$\dot{V}O_2max$）が低下していることを加味すると主観的な「きつさ」が増していることが想像でき、歩行速度を下げる必要が出てきます。

　また、呼吸効率（$\dot{V}_E/\dot{V}O_2$）から見たときには、低酸素環境において悪く（値が高く）なります。すなわち、同じエネルギー（$\dot{V}O_2$）をつくり出すために、より多くの呼吸（$\dot{V}_E$：換気量）をしなければならないことになり、必然的に呼吸筋への負担度も高まります。加えて、呼吸筋トレーニングに関する研究報告をメタ解析したIlli et al（2012）[10]は、そ

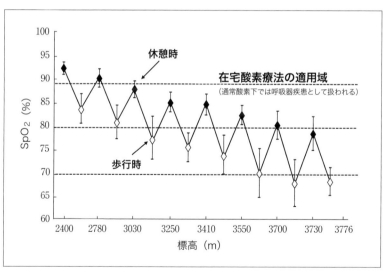

図7-3　富士山登山中（上り）の動脈血酸素飽和度の変化（笹子ら，2011の図を改変）[9]

のまとめの中で呼吸筋への負担度の高まりを逆説的に捉え「呼吸筋トレーニングの最も適切な方法は高所あるいは低酸素環境で持久性のトレーニングを行うことである」とも述べています。そして、Álvarez-Herms et al（2019）[11]は、低酸素環境での運動に対する呼吸筋トレーニングの効果に関する文献を調査し、呼吸筋トレーニングは、低酸素環境での運動時の動脈血酸素飽和度や活動筋への血流の維持に効果的であることを報告しています。

　低酸素環境といっても、その程度は様々です。たとえば、健脚レベルの日帰り、1泊2日程度の登山（日本アルプス、富士山登山を除く）の場合には、標高はそれほど高くないことが多く、低酸素の影響はそれほど考えなくてよいでしょう。一方、日本アルプスの縦走登山や富士山登山、さらには海外での高所登山を行う場合には、低酸素の影響を受ける可能性があり、事前の呼吸筋トレーニングは安全、快適な登山を行ううえで有効である可能性があります。

　登山は競技スポーツとは異なり、限界まで身体を追い込んで運動をすることはほとんどなく、基本的に最大下（最大酸素摂取量以下）で行われます。また、登山は全身持久力や筋力など、オールラウンドな体力が必要とされるため、呼吸筋単体やそのトレーニングの必要性についてはほとんど議論されてきませんでした。実際、本章の中でも、登山の運動特性から呼吸筋との関連性について紹介しましたが、呼吸筋を鍛えているほうがよいものの、その優先順位は決して高くなく、登山を実施するうえで「鍛えておいたほうがより安全、快適であろう」というのが、筆者の意見になります。

　呼吸筋は、一般的に鍛えるという習慣がなく、その能力も数値化しにくく、わかりにくいため軽視されがちです。それを反対に捉えると、少しのトレーニングでも登山中の行動が楽になる可能性があるとも考えることができます。これまで述べてきたように、登山は自然の中で行われるスポーツであるため、途中で運動を中止することができず、下山することを前提とした余裕を持った行動をとる必要があります。したがって、その余裕を持った行動をとるためのひとつの方法として、呼吸筋を鍛えておくことは重要であると言えるかもしれません。最後に、本章の

内容をさらに深めたい場合には、山地ら（2020）および山本（2016）の文献も参考にしていただきたい。

［参考文献］

1) Dominelli PB, Sheel AW, Foster GE: Effect of carrying a weighted backpack on lung mechanics during treadmill walking in healthy men. Eur J Appl Physiol, 112: 2001-2012, 2012.

2) Faghy MA, Brown PI: Thoracic load carriage-induced respiratory muscle fatigue. Eur J Appl Physiol, 114: 1085-1093, 2014.

3) 萩原正大，山本正嘉：歩行路の傾斜，歩行速度，および担荷重量との関連からみた登山時の生理的負担度の体系的な評価；トレッドミルでのシミュレーション歩行による検討．体力科学，60：327-341，2011

4) Breiner TJ, Ortiz ALR, Kram R: Level, uphill and downhill running economy values are strongly inter-correlated. Eur J Appl Physiol. 119: 257-264, 2019.

5) 山地啓司，中村健一，橋爪和夫，堀田朋基，布村忠弘，北川鉄人：立山登山が呼吸・循環機能や脚筋力・パワーに与える影響．登山研修，19：121-130, 2004.

6) 山地啓司：呼吸筋の疲労とトレーニングが生理的機能と持久性運動のパフォーマンスへ与える影響．日本運動生理学雑誌．22：25-40, 2015.

7) 山本正嘉：ウォーキングから登山へ；健康増進の観点から見た登山の調書と実施上の注意点．ウォーキング研究，8：9-15, 2004

8) 安藤真由子，山本正嘉：日本人の高所登山者・トレッカーの実態；身体特性，健康状態，呼吸機能，登山状況との関連から．登山医学，33：121-127, 2013

9) 笹子悠歩，山本正嘉：登山経験の少ない高齢者における富士登山時の生理応答；運動時，安静時，睡眠時を対象として．登山医学，31：132-144, 2011.

10) Illi SK, Held U, Frank I, Spengler CM: Effect of respiratory muscle training on exercise performance in healthy individuals; A systematic review and meta-analysis. Sports Med. 42: 707-724, 2012.

11) Álvarez-Herms J, Julià-Sánchez S, Corbi F, Odriozola-Martínez A, Burtscher M.: Putative role of respiratory muscle training to improve endurance performance in hypoxia; A review. Front Physiol. 9: 1970, 2019.

12) 山地啓司，森寿仁：登山者の呼吸筋トレーニングの必要性と有効性，登山医学，40：76-83. 2020

13) 山本正嘉：登山の運動生理学とトレーニング学，東京新聞，東京，2016

8

水泳選手のための
呼吸筋トレーニングの必要性と効果

山地啓司

呼吸筋は高強度や長時間の運動によって疲労し、それによる肺機能の活動水準や経済性（効率）の低下に伴ってパフォーマンスが低下します。これらの低下を防ぐために、あらかじめ呼吸筋のパワーや持久力を高め、パフォーマンスの低下を抑制することが望まれます。一般に、水中運動は陸上の運動に比べ、静水圧や横位姿勢の状態で運動を行うために呼吸抵抗が大きく、四肢の動きと連動した呼吸リズムの高度な技術が求められます。それだけに呼吸筋トレーニングによる呼吸筋の強化が望まれます。

水中運動は水泳（surface swimming）と潜水（underwater swimming）に区分されますが、本章ではとくに水泳に限定して解説します。

呼吸運動と肺の構造（大きさ）と機能（働き）

1）呼吸運動とは

呼吸運動は大脳の延髄や、橋の背側部に存在する呼吸中枢の支配を受けて機能しています。たとえば、吸息中枢からの刺激が高まると横隔膜、胸部の外肋間筋や肋間挙筋などの呼吸筋が収縮し、胸郭が受動的に膨らみ（胸郭の陰圧）、空気圧の差で外気（空気ガス）が肺に取り入れられます。一方、呼息中枢からの刺激が高まると内肋間筋などが収縮し（胸郭の加圧）、肺の空気ガスが体外に排出されます。

呼吸によって取り入れられた空気ガスは気道から各種の気管を通過して肺の一番奥にある肺胞へ運ばれ（図8-1）、もともと肺胞内にあった空気ガスと混合し、肺胞内の酸素（O_2）や二酸化炭素（CO_2）と肺胞を

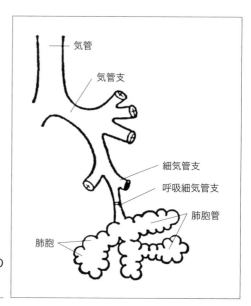

図8-1　肺の気管と肺胞の構造（山地，2005）[1]

取り囲む肺胞静脈血中のO_2やCO_2が分圧の較差によって物理的に移動します。すなわち、静脈血中のCO_2は肺胞へ、肺胞のO_2は静脈血へそれぞれ移行します。これを「肺拡散」といい、この能力を「肺拡散容量」または「肺拡散能」と呼びます。肺静脈血管内を流れる血液が肺胞でガス交換（O_2とCO_2）を行う時間（拡散時間）は安静時が約0.7秒、最大作業時が約0.3秒です。短時間にガス交換が可能なように、肺胞と肺静脈血管とのトータル接触面積（拡散面積）はテニスコートの約半面（約90m^2）ほどの広い面積となっています。最大酸素摂取量（$\dot{V}O_2max$）が高い選手は肺拡散能が著しく優れています。したがって、ヒトの持久性能力は肺胞におけるO_2とCO_2のガス交換能力に依存していると言っても過言ではありません。

　肺は最大約5〜7Lの空気ガスに満たされ、安静時には1回の呼吸で約500mLの空気が排出され、また吸引されます（図8-2）。そのため1回の呼吸で肺胞にある空気ガスのすべてがO_2を多く含んだ外気と入れ替わるのではなく、まず気道や気管にある空気ガスの多くが排出され、その後から肺胞の空気ガスがほんの少し排出され、呼気の際に残った予備的残気空気ガスと吸気された新しい空気ガスとが混合され、肺のO_2

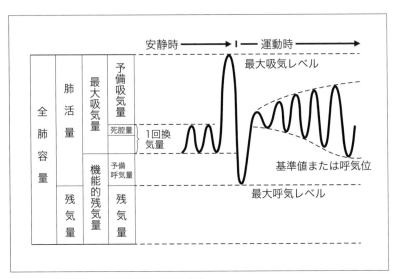

図8-2 肺容量の分画 (山地, 2005)[1]

とCO_2濃度が決まります。その際、浅い呼吸では気道や気管内の空気ガスが主に換気され、肺の一番奥の肺胞の空気ガスは直接換気されないまま残ります。運動を継続するために組織が必要とするO_2量（$\dot{V}O_2$）に応じて、延髄と橋脳とにある呼吸中枢が働き、それによって呼吸の深さ（1回換気量：V_T）と頻度（呼吸数：f_r）が調節されます。

　肺換気量（L/min）は1分間の呼吸数（回/min）と換気量（L/回）の積から求められます。肺換気量には肺胞で直接ガス交換に関与した空気ガス（有効換気量または肺胞換気量）と気道・気管にとどまり直接ガス交換に関与しなかった空気ガス（無効換気量または死腔量）が存在します（図8-3）。ちなみに、安静時の肺換気量は有効肺換気量（約65〜70%）と無効換気量（約30〜35%）との和になります。運動強度の高まりとともに組織で多くのO_2が使われ、またCO_2が発生することから、f_rの増加とV_Tが大きくなり1分間の肺換気量が多くなります。仮に最大酸素摂取量（$\dot{V}O_2$max）が出現するときの有効換気量と無効換気量の比率は前者が約80〜85%、後者が約15〜20%となります。

　水泳選手は1回の呼吸で空気ガス（V_T）を取り込む能力が高くなっています。さらにこの能力を高めることで、より呼吸に余裕ができます。

2）水泳選手の肺の大きさと呼吸機能

　安静時から運動強度を徐々に高めていったときの肺容量の分画は図8-3のようになります。すなわち、肺の大きさは全肺容量（肺活量＋残気量）ですが、残気量の測定が難しいために、肺の機能的大きさは肺活量（予備吸気量＋1回換気量＋予備呼気量）で代用します。これらの分画の大きさは、これまで多くのスポーツ選手について既に調べられていますが、その中でも水泳選手の肺活量は大きいのが特徴です。順天堂大学の小川（1958）[2]によると水泳選手の種目別の肺活量は自由形（短距離、5.7L）が最も大きく、背泳（4.9L）が最も小さいが、水泳選手は同じ年齢の一般人の平均値よりも14～23%高くなっています（表8-1）。背泳選手の絶対値や相対値が小さいのは、他の種目が伏臥姿勢で泳ぐため静水圧による呼吸抵抗を受けるので呼吸筋が強化されていますが、背泳の場合は仰臥姿勢で泳ぐので静水圧をほとんど受けないからです。

　一般に肺容量はトレーニングによって肥大しません。水泳選手の肺活量が大きいのは肺の空気ガスを吸入・排出するときの最大吸気・呼気口

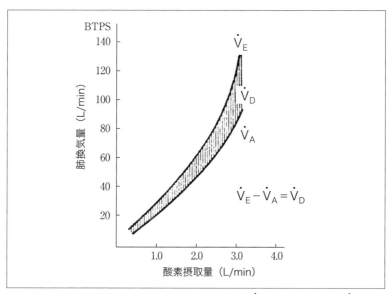

図8-3　酸素摂取量の増加にみられる肺換気量（$\dot{V}_E$）、有効換気量（$\dot{V}_A$）、無効換気量（$\dot{V}_D$）を示す。（山地，2005）[1]

表 8-1　水泳の種目別肺活量（平均値）の比較（小川, 1958)[2]

種　　目	被験者数	実測値 (mL)	実測値／標準値×100
自由形短距離	5	7441	118.0
自由形中長距離	9	5025	117.7
平泳ぎ	5	5008	116.8
バタフライ	5	5230	122.6
背泳	4	4880	114.0
水球	3	5100	117.0

腔内圧（PImax・PEmax）を高める呼吸筋パワーが大きいためです。また水泳時間が長い運動では呼吸筋の持久性能力（12秒間の最大自発的換気量：MVV_{12}）がさらに強化されます。したがって、水泳に必要な能力は呼吸筋の筋パワー（最大吸気・呼気口腔内圧：PImax・PEmax）と筋パワーを維持する能力である呼吸筋の持久力（MVV_{12}）になります。運動中の1分間の最高呼吸数（$f_r max$）はトレーニングの有無に関係ありません。関係があるのは一回換気量（V_T）の大きさです。たとえば、V_Tが小さい人は呼吸数（f_r）を多くし、また、V_Tが大きい人はf_rを少なくして肺換気量を一定の水準まで高めます。すなわち、水泳の場合にはV_Tを大きくするために、顔（口）が水中にあるとき肺の空気ガスを呼出し、顔（口）が水面より上に出たときに空気ガスを吸気することで運動に必要な酸素を肺の中に取り込みます。すなわち、水泳選手は大きい肺とそれに見合った高い呼吸筋パワーが必要になります。

3）水泳選手の呼吸機能の評価

　全肺容量や肺活量の大きさは身長に比例します。たとえば、スポーツ選手では身長の高いバレーボールやバスケットボールの選手がとくに大きな肺活量をしています（体重と肺活量との間の相関係数はそれほど高くない）。身長は運動することによってほとんど伸びないのと同じように肺活量も大きくなりません。肺活量は性、年齢、身長の三要素と密接な関係があります。そのため、肺の大きさや呼吸機能を評価するためには性、年齢、身長の三要素、または簡便法として身長に対する割合（相対値）で比較・評価します。たとえば、英国のルートン大学のDoherty

と Dimitriou（1997）[3] はギリシャの10〜21歳の水泳選手、陸上競技選手、非選手（コントロール）の性、年齢、身長を考慮した相対値で肺の大きさに見合った呼吸筋パワーを示す1秒率（$FEV_{1.0}$）を調べています。その報告によると、水泳選手の1秒率は他の2つのグループよりも高く、さらに、水泳選手の中でもナショナルチームの選手は非ナショナルチームの選手に比べ有意に高くなっています。しかし、競技年数当たりで比較すると両者に差がなくなります。したがって、水泳は早くから専門的にトレーニングを始めた選手ほど1秒率が大きく、記録が高くなることを示唆しています。すなわち、水泳選手はトレーニングによってある程度呼吸筋（PImaxとPEmax）が強化されていると考えられます。

図8-4は日本国内の30種目の男子スポーツエリート選手と、図8-5は日本国内の20種目の女子スポーツエリート選手の吸気筋パワーの指標である最大吸気口腔内圧（PImax）をそれぞれ比較したものです。男子の水泳選手は1位のウェイトリフティング（167.2 cmH_2O）に次いで2位（166.1 cmH_2O）、 女子の水泳選手は1位のラグビー（127.4 cmH_2O）、2位のレスリング（124.0 cmH_2O）に次いで3位（123.8 cmH_2O）と、男女とも上位を占めています（Ohyaら，2017）[4][5]。

この報告では体重当たりのPImaxで評価されていますが、身長当たりの相対値で評価するとその順位が若干変わるかもしれません。

水泳の呼吸スタイル

1）水泳選手の呼吸の特異性

水泳は陸上のスポーツと異なり横位姿勢と静水圧、呼吸と四肢の動きのリズムが呼吸抵抗や呼吸効率に影響します。すなわち、水泳は「寝て行うスポーツ」と揶揄されるように、横位姿勢（伏臥と仰臥）でしかも背泳を除く自由形（クロール）、バタフライや平泳ぎなどでは胸部や腹部に静水圧が絶えず加わることから、陸上競技のトラック種目に比べ呼吸抵抗が大きくなります。

たとえば、英国のブルネル大学のLomaxとMcConnell（2003）[6] は、吸気の筋パワーの指標であるPImaxが200mクロールスイム後の立位姿勢の測定では133±16.7 cmH_2Oに対して、伏臥位では112±20.4 cmH_2O

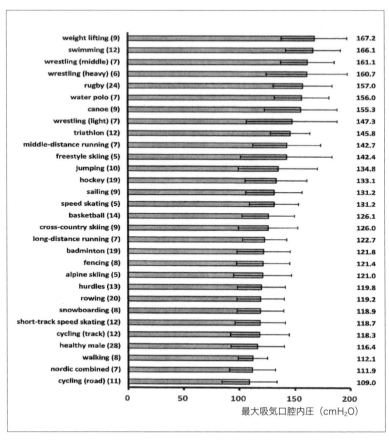

図 8-4　日本男子エリートスポーツ選手の種目別最大吸気口腔内圧（Ohya et al, 2016)[4]

と約6.3%低いことから、伏臥位は立位の測定姿勢に比べPImaxの発揮が難しいことを示唆しています。

その一方で、横位姿勢は立位姿勢に比べ全身への血液還流が円滑で、そのことがどの程度エネルギーコストに影響するかは定かではありませんが、疲労の軽減に寄与することは間違いないようです。

2）水泳運動の呼吸特性

一般に水泳中の呼吸は四肢の動きと連動したリズム（カップリング現

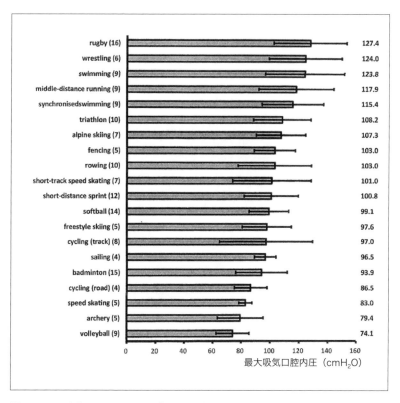

図 8 - 5　日本女子エリートスポーツ選手の種目別最大吸気口腔内圧（Ohya et al, 2017）[5]

象）形成をリードします。水泳のクロールは 1 回の深い呼吸でビートとストロークを 2 〜 4 回行います。英国の Lomax と Castle（2011）[7] の報告では、200mをレースペースの85%でクロールスイムを行うとフィニッシュ後のPImaxが17%有意に低下しています。このスイム中の被験者 8 名のトータルの平均呼吸数は56回から61回に、トータルストローク数は145回から148回にそれぞれ有意に高くなり、1 回のストロークで何メートル進むかを示すストローク長は2.84mから2.73mと約10cm有意に短縮しています。

　大学の長距離選手が300〜350m/minのスピードで走るとき 1 回の呼吸は4.0〜4.5歩のリズムです。しかし、性や年齢、速度や競技力、ある

いは、疲労の程度などによってそのリズムが異なります。たとえば、ランニングでは1500mを全力で走る際には1呼吸2.5〜4.5歩やストライド頻度がほぼ一定に保たれていても、オールアウトに近づくと呼吸リズムが速くなり、呼吸当たりのストライド長が短くなります。水泳の際の呼吸と腕や脚の運動がつくり出すカップリングはランニングの際と近似しています。水泳もランニングも呼吸1回あたりのクロール数やストライド頻度に差がなくても、優れた選手ほど1回当たりのストローク長やストライド長は長くなります。とくに水泳では、レース後半には1分間の呼吸数が増え、それだけストローク長が短くなります。したがって、1回の呼吸でより多くの空気ガス（V_T）を肺に取り入れることは、より大きなエネルギーの摂取（消費）が可能になります。そのために呼吸筋のパワー（PImax）を高めV_Tを大きくすること、さらにそれを維持する持久力（MVV_{12}）も併せて強化することがパフォーマンス向上につながります。呼吸筋を鍛えることは呼吸に余裕ができ力強いスイムの技術を高め、経済的な泳ぎが保証されることになります。

呼吸筋を疲労させるとパフォーマンスは低下する

　これまで多くの研究者が100〜400mのクロールスイムによってPImaxが約10〜30cmH$_2$O低下することを報告しています。たとえば、ギリシャからの報告では100m、200m、300m、400mの距離をレースペースの90〜95%でクロールスイムを行った直後のPImaxが100mでは約6%、200mでは約11%、300mと400mでは約15%の低下を認めています（図8-6）。さらに、ストローク長は水泳距離が長くなるにつれて短くなっています。これまで200mのクロールスイムをレースペースの90%のスピードで泳ぐと、PImaxが11〜29%低下することが知られています。この低下率は他の陸上のスポーツ選手（自転車やランニングなど）の16〜26%の低下率に近似しています。

　水泳はランニングと同じ距離を泳ぐのに約4倍の時間がかかります。エネルギーの出力の視点から水泳の距離に対する所要時間と陸上競技のランニング距離に対する所要時間を重ね合わせると、水泳の50〜100mは約0.5〜1分の時間を要するので短距離、200〜400mは約2〜4分な

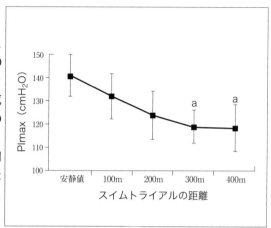

図8-6 安静値、100m、200m、300m、400のクロールスイムのフィニッシュ後の最大吸気口腔内圧（PImax）の比較

a p<0.05：安静値との間に有意差があることを示す。(Thomaidis et al, 2009)[8]

ので中距離、≧400m以上は4分以上なので長距離に該当します。したがって、≦100mの水泳は短距離に相当するので主に呼吸筋パワー（PImaxとPEmax）が、200～400m水泳は中距離に相当するのでとくに呼吸筋パワーと持久力のMVV_{12}が、≧400mではとくに持久性能力（MVV_{12}）が重要な生理的体力となります。

300mと400mの水泳でPImaxの低下率がほぼ等しくなったのは（図8-6）、エネルギーのアネロビックの出力がほぼ限界に達し、エアロビックのエネルギーの出力に依存し始めたことを示唆しています。≧400mではエネルギーの出力の約75%以上がエアロビックに依存するので、そのときの強化の狙いはMVV_{12}の向上になります。したがって、呼吸筋をトレーニングする場合には選手の専門種目が≦100m、200～400m、≧400mのいずれに属するかによって、トレーニングの強度と頻度（回数）を考慮して実施することが大切になります。

呼吸筋トレーニングはパフォーマンスを改善する

1）水泳選手の呼吸筋トレーニング

水泳の競技選手を対象にした呼吸筋トレーニングの効果に関する実践的報告は他のスポーツ種目に比べると少ない。その理由のひとつは、水泳選手は他の競技スポーツ選手に比べて呼吸筋のパワー（PImax）や持

久力（MVV_{12}）が大きいことから、静止の状態でデバイスを用いたレジスタンスの呼吸筋トレーニングを特別実施しなくても十分だという考えが根強くあるからです。もうひとつは、一流選手は低酸素環境で水泳トレーニングを行うことで、呼吸筋の強化に加えて呼吸リズムと四肢の動きのカップリングなど、水泳の総合的な体力・精神力・技術力向上がすでに実践されていると考えているからです。しかし、低酸素環境下でのトレーニングの弱点はシーレベルのトレーニングに比べスイミングの強度（スピード）が低いことから、呼吸筋の筋パワーを高める強度が不足しがちになります。さらに、シーレベル住民の宿命でもありますが、高所で鍛えた呼吸筋の効果はシーレベルでの生活に戻ると、約2週間でそのほとんどが消滅することです。たとえば、陸上競技の長距離選手が高所でトレーニングを実施すると、低酸素が影響して高強度の負荷（ハイスピード）が不足するため、シーレベルに戻った後、積極的に高強度のトレーニングをしないと、シーレベルのレースでは呼吸が苦しく好記録を出すことが難しくなります。もし、高所トレーニング後にシーレベルでのレースに出場が予定されている場合には、活動筋に疲労を与えない程度の短い距離でのハイスピードのトレーニングが必要です。

　筆者は高所トレーニングの目的のひとつが呼吸筋パワーと高強度の持久力の強化で、その場合にも呼吸筋への高強度の刺激が必要と考えています。たとえば、レースに備えたテーパリングの定石として「量（距離）を落としても質（スピード）は落とすな」という言葉があります。すなわち、呼吸筋トレーニングによる効果、とくに呼吸のPImaxやPEmaxは速やかに元のレベルまで回復する特性があります。そのため、強化した呼吸機能を維持するために静止状態での高強度の呼吸筋トレーニングを定期的（3回/週）に行う必要があります。ただし、やりすぎて呼吸筋が疲労するようでは逆効果です。

2）静止姿勢での呼吸筋トレーニング（CRMT）の実証例

　水泳選手を対象にしたCRMTの先駆的研究を行ったのはトロント大学のWellsら（2007）[9]です。博士たちは思春期の男女の水泳競技者を対象にトレーニング群とシャム（コントロール）群に分け、12週間の吸気と呼気を交互に連続的に行うCRMTを実施しました。トレーニン

126

グ群は12週間を通して水泳とCRMTを、シャム群は最初の6週間を水泳のみのトレーニングを、後半の6週間にはトレーニング群と同じ水泳とCRMTを行いました。その結果、両群とも肺機能、呼吸パワー、化学的反射性換気閾値（CO_2や乳酸に対する反応）に有意な改善を認めています。とくにトレーニング群では高二酸化炭素ガス血症（CO_2がある水準を超えたときに生じる反応）による換気応答（感度）が弱まり、呼吸数（f_r）や肺換気量（$\dot{V}_E$）が少なくなり、呼吸筋パワーの維持能力と呼吸効率が高まりました。しかし、パフォーマンスを示す水泳の臨界スピードの高まりに改善傾向が認められたものの有意な改善が現れるまでに至りませんでした。一方、シャム群にはこれらの改善傾向がほとんど認められていません。

　ニュージーランドのKildingら（2010）[8] は、トレーニング群は1週間2日、1日30回の最大吸気口腔内圧（PImax）の50%の負荷で、シャ

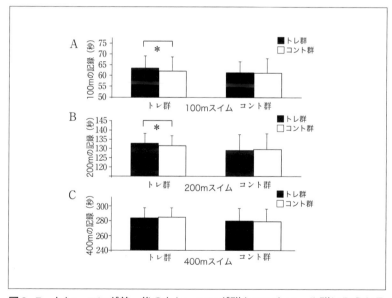

図8-7　トレーニング前・後のトレーニング群とコントロール群にみられる
　A：100m、B：200m、C：400m のタイムトライアルの比較
＊はトレーニングに有意差（p<0.05）があることを示す。(Kilding et al, 2010)[8]

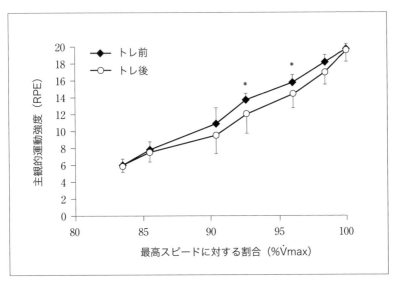

図8-8 呼吸筋トレーニング群のトレ前・後にみられるタイムトライアルの最
高スピードに対する割合と主観的運動強度との関係

＊：トレ前・後のRPEに有意差（P<0.05）があることを示す。（Kilding et al, 2010）[8]

ム群は1週間1日にPImaxの15％負荷でそれぞれ6週間の呼吸筋トレー
ニングを行い、両群のトレーニング効果を比較しました。その結果、ト
レーニング群のパフォーマンスは100m（-1.7％±1.4％）と200m（-1.5％
±1.0％）に有意な改善が認められましたが、400m（0.6％±1.2％）では
改善は認められませんでした（図8-7）。一方、シャム群ではいずれの
パフォーマンスにも改善が認められませんでした。さらに、トレーニン
グ群のみにレースペースの92～97％の強度で主観的運動強度（RPE）
に有意な改善が認められ（図8-8）、トレーニング前に比べ呼吸筋に余
裕ができたことを示唆しています。

　秋田大学の大倉ら（2014）[9]は大学水泳部員を対象に、吸気筋トレー
ニング（IMT）を高負荷群と低負荷（対照）群の2群に分け、8週間行
っています。高負荷群と低負荷群のトレーニングメニューは、強度
（PImax）のみが60％と15％と異なるほかは、頻度が1日2回、呼吸回数
が1回連続30回、期間が8週間、トレーニング機器がパワーブリーズと

同じでした。実験結果は、高負荷群は最大吸気・呼気口腔内圧（PImax・PEmax）が42.0%と15.3%、そのときのピーク値（Ppeak）が57.8%有意に高まり、さらに、パフォーマンステストでは100mと400mの記録にそれぞれ有意な改善が認められましたが、低負荷群ではPEmaxやパフォーマンスに有意な改善が認められるまでに至っていません。

　この3つの呼吸筋トレーニングの報告をまとめると、パフォーマンスに改善が期待できるのは少なくとも強度が50%PImax以上、頻度が週2〜3回、リブリージングの回数が30回、期間が6週間以上必要と言えそうです。水泳選手を対象にした呼吸筋トレーニングはパフォーマンス向上（記録）の伸びが陸上のスポーツに比べ小さい特性があります。この原因は対象となった水泳選手がすでに専門的に水泳トレーニングを実施していることで、呼吸筋がある程度強化されていることが考えられます。

3）その他の呼吸筋トレーニング例

　その他、長野オリンピックの男子500mスケートで金メダル獲得した清水宏保選手は練習中に500mスケーティングを無呼吸（止息）でトレーニングしています。また、背泳の鈴木大地選手は米国のバサロが開発した潜水泳法を習得することでソウルオリンピックの100m背泳で金メダルを獲得しています。これらは本人が呼吸筋を鍛えることを意識したか否かは別にして、このような呼吸の止息状態での運動が呼吸筋や精神を鍛え、パフォーマンス向上に役立つと推測されます。

まとめ

　これまで、多くの生理学者が、各種スポーツ選手（陸上競技中・長距離やマラソン、自転車競技、漕艇、トライアスロン、サッカーやラグビーなど）を対象に静的な状態で呼吸抵抗を加えて呼吸筋を疲労させると呼吸効率が低下し、それに伴ってパフォーマンスが低下することを、一方、呼吸筋トレーニングを行うと呼吸筋のパワーや持久性能力が高まり、運動パフォーマンスが向上することを証明しています。また、水泳選手を対象に呼吸筋を疲労させた場合や呼吸筋トレーニングを行ったと

き、呼吸機能や水泳のパフォーマンスにどのような影響があるかが究明されています。陸上のスポーツでは運動前に呼吸筋を疲労させると呼吸数（f_R）が増加し換気量（V_T）が減少し、この2つの要素の積である肺換気量（$\dot{V}_E$）は増加します。一方、呼吸筋トレーニングを行うとf_Rが少なくV_Tが多くなり、肺換気量は少なくなります。呼吸筋の疲労や改善による酸素摂取量（$\dot{V}O_2$）の増減は呼吸効率（$\dot{V}_E/\dot{V}O_2$）に反映します。すなわち、呼吸筋が疲労すると呼吸効率が低下し、改善すると効率が高くなります。水泳の場合には呼吸筋トレーニングを行うとV_Tと呼吸効率が高まり、その結果パフォーマンス向上につながります。

　呼吸筋の筋パワーの指標である最大吸気・呼気口腔内圧（PImax・PEmax）へのトレーニング効果は水泳では≦200mの距離のスイムまで記録改善に効果があることが証明されています。しかし、それより長い距離200～400mでは呼吸筋の筋パワーだけでなく持久力も必要になり、≧400mでは主に持久力（MVV_{12}）を高める呼吸トレーニングがより求められます。しかし水泳ではまだ呼吸筋の持久的トレーニングに限定した研究は見当たりません。呼吸筋トレーニングには生理的効果だけでなく心理的効果と技術的効果も期待されます。なぜならヒトは呼吸に余裕が感じられると心理的に余裕ができ、リラックスした経済的な泳ぎが可能になるからです。

[参考文献]

1）山地啓司. 『運動生理学概論』宮下光正，石井喜八編著.（2005）. p.114-124.
2）小川登. 水泳選手の心肺機能について（其の1）. 順天堂医学雑誌. 4(5): 131-140, 1958.
3）Dohery M, Dimitriou L. Comparison of lung volume in Greek swimmers, land based athletes, and sedentary controls using allometric scaling. Br J Sports Med. 31: 337-341, 1997.
4）Ohya T, Hagiwara M, Chino K, and Suzuki Y. Maximal inspiratory mouth pressure in Japanese elite male athletes. Res Physiol Neuro. 230: 68-72, 2016.
5）Ohya T, Hagiwara M, Chino K, and Suzuki Y. Maximal inspiratory mouth pressure in Japanese elite female athletes. Res Physiol Neuro. 238: 55-58, 2017.

6) Lomax ME and McConnell AK. Inspiratory muscle fatigue in swimmers after a single 200m swim. J Sports Sci. 21: 659-664, 2003.

7) Lomax M, Castle S. Inspiratory muscle fatigue significantly affects breat hing frequency, stroke rate, and stroke length during 200-m front-crawl swimming. J Strength Cand Res. 25: 2691-2695, 2011.

8) Thomaidis SP, Toubekis AG, Mpousmoukilia, Douda HT, Antoniou PD. Al terations in maximal inspiratory mouth pressure during a 400-m maxim um effort front-crawl swimming trial. AJ Sports Med Phys Fitness. 49: 194-200, 2009.

9) Wells GD, Plyley M, Thomas S, Goodman L, Duffin J. Effects of concurre nt inspiratory and expiratory muscle training on respiratory and exerci se performance in competitive swimmers. Eur J Appl Physiol. 99: 393-404, 2007.

10) Kilding AE, Brown S, McConnell AK. Inspiratory muscle training improv es 100 and 200 m swimming performance. Eur J Appl Physiol. 108: 505-511, 2010.

11) 大倉和貴、甲斐学、川越厚良、菅原慶勇、高橋仁美、塩谷隆信. 高負荷圧 吸気筋トレーニングが若手競泳選手のパフォーマンス向上へ及ぼす効果. 日本呼吸ケア・リハビリテーション学会誌. 4: 268-274, 2014.

謝辞

本稿の執筆にあたって、鹿屋体育大学の故荻田太先生のご協力をいた だきました。ここに記して感謝申し上げます。

自転車競技と呼吸筋トレーニング

安藤真由子

　様々なスポーツがある中で、道具を操作しながら行うスポーツでは、その道具の構造によっては身体の一部の動きが制限される場合があります。自転車競技もその中のひとつです。

　本章では、自転車競技の姿勢の特徴やレースの特徴、それらと呼吸筋の関係について説明します。

自転車競技の姿勢の特徴

　自転車競技はブレーキと進行方向を操作するハンドル部分、体重を支えるサドル部分、推進力を生み出すペダル部分の計４点に身体が接触した状態で行うスポーツです。ブレーキを除く３点の位置は競技がスタートしてしまうと、サドルの高さやハンドルの幅など、物理的な変更をすることはできません。そのため、スタート前までに自身の能力を最大限に発揮できる位置を決めておく必要があります。

　呼吸と姿勢について研究した報告によると、座位で枕を抱えた前傾姿勢や、両膝に手をついた姿勢が呼吸困難を回避するために有効だとされています。その理由は、横隔膜収縮効率の改善や、胸郭の縮小が容易であること、頸部の吸気筋の活動が抑制できるためであるといわれています。

　それらを応用して、自転車の乗車ポジションを変化させた際の呼吸反応を測定した河野ら（2009）[1] の研究があります。体幹を前傾させない姿勢（A）と前傾させた姿勢（B）の２群における呼吸応答を比較した河野ら（2009）[1] の研究によると、Bでハンドルに体重を分散させると、

a. 立位

b. 軽度前傾

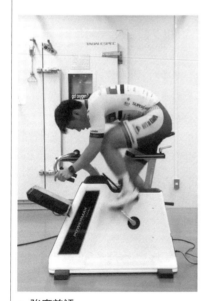
c. 強度前傾

図 9-1　自転車の乗車フォームを変化させた様子

表9-1 自転車のフォームの違いによる各種応答の変化

	a. 立位	b. 軽度前傾	c. 強度前傾
骨盤角度（deg）	70.7±4.3	57.2±1.7	44.5±4.5
心拍数（bpm）	128.8±15.1	129.8±16.0	138.0±17.1
RPE（呼吸）	10±1.3	10.2±1.5	11.8±1.5
RPE（脚）	10.8±1.8	10.8±2.0	12.7±2.0

立位姿勢を保つための腹筋群の活動量が低下するために、呼吸がしやすくなる。それによって、Bのほうが、胸郭の拡張や収縮が容易になったことで呼気時間が長く、呼吸数が少なくなったと報告しています。

　この研究をもとに、自転車競技者を対象として、a. 立位姿勢、b. 軽度前傾姿勢、c. 強度前傾姿勢の3つの姿勢（図9-1）において、ペダリング運動を行った際の心拍数と主観的運動強度（RPE）を測定してみました。運動強度は事前に測定しておいた個々のLT強度（132.5±28.9W）としました。その結果、先行研究と同様に心拍数やPREに関しては3群間で有意な差はありませんでした（表9-1）。しかし、呼吸のしやすさを聞いた内省報告によると、呼吸のしやすさは、軽度前傾、立位姿勢、強度前傾姿勢の順となりました。河野ら（2009）[1]の研究で、前傾姿勢は呼吸がしやすいと報告されていますが、その前傾角度に関しては、個々によって差がみられるということを示しています。

　自転車競技選手を対象に、効率的なペダリング動作についての研究は多く、サドルやハンドルの高さ、股関節角度などと仕事率についての関係性は研究されていますが、呼吸数などの生理応答も併せてみていくことで、自分に合った乗車姿勢を決定することが重要です。

自転車競技（ヒルクライムレース）の特徴

　自転車競技は陸上競技と比較して、競技人口が少ないため認知度も陸上競技ほど高くないことが想像されます。自転車競技も陸上競技のように距離別に多種目あり、男子大学選手権種目（個人競技）では短距離種目（200m：競技時間約10秒、1km：約1分）、中距離種目（4km：約4

分20秒）、長距離種目（70〜180km：約2〜4時間半）、複合種目となります。呼吸筋トレーニングの重要性を運動時間とエネルギー供給系からみると、第5章「陸上競技 中・長距離走と呼吸筋トレーニング」と同様の傾向を示しています。

一方で、他の競技にはない自転車競技特有の状況となるのが、自転車競技のスピードを活かした「ヒルクライムレース」と呼ばれる、標高の低いところをスタートして標高の高いフィニッシュ地点に到達した順位を競うレースです。近年では一般の自転車愛好家の間でもヒルクライムレースは人気があり、大会によっては抽選によって出場者を選抜するほどです。表9-2は国内の代表的なヒルクライムレースを表していますが、ヒルクライムレースの中でも最も人気のある「Mt.富士ヒルクライムレース」は、標高差1270mをトップの選手は約1時間で走行するという内容です。

ヒルクライムレースは一気に標高を上げることが特徴ですが、標高が高くなると、身体には「低酸素」という大きな負担が強いられます。低酸素環境では最大酸素摂取量が低下し、相対的な運動強度が高くなります。また、肺活量や1秒量、1秒率などの呼吸機能も低下するという報

表9-2　日本の代表的なヒルクライムレース

名称	開催地	スタート地点の標高（m）	ゴール地点の標高（m）	距離（km）	過去の最速タイム
志賀高原ヒルクライム	長野県	1415	2151	13.1	なし
日本の蔵王ヒルクライム	宮城県	388	1716	18.4	なし
乗鞍ヒルクライム	長野県	1460	2727	20.5	54分41秒（2019年大会）
ツール・ド・美ヶ原高原自転車レース	長野県	640	1910	21.6	1時間00分26秒（2018年大会）
富士の国やまなし Mt.富士ヒルクライム	山梨県	1035	2305	24	1時間05分33秒（2020年大会）

表9-3　標高4000mにおける呼吸法の違いとSpO₂の変化

	安静時	低強度運動時 (3.4Mets)	中強度運動時 (4.6Mets)
通常呼吸時の SpO₂（%）	83.3±4.4	71.1±7.1	71.1±5.8
口すぼめ呼吸時の SpO₂（%）	92.1±3.4	82.4±6.1	80.9±6.1

告もあります。その結果、標高1000m以上になると、運動能力が低下してしまいます。身体の低酸素状態は血液中の動脈血酸素飽和度（SpO_2）を測定することで、簡易的に表すことができます。様々な標高で自転車ペダリング運動を行わせた奥島ら（2012）[2]の研究によると、疲労困憊時のSpO_2は、通常環境では94%だったのに対して、標高1500mでは89%、2500mでは84%だったと報告しています。

　そこで、低酸素環境では呼吸を意識して酸素をうまく取り込むことが、パフォーマンスの維持に重要です。表9-3は、標高4000mの低酸素環境において、呼吸の方法を変化させた際のSpO_2の変化を示しています（安藤ら，2014）[3]。これによると、口すぼめ呼吸を行うことで、SpO_2が上昇することがわかります。ただし、口すぼめ呼吸を行う際には、呼吸筋である横隔膜や肋間筋の活動量が増加します。そのため、ヒルクライムレースにおいてパフォーマンス向上を図るためには、意識的に呼吸することを継続できるための呼吸筋トレーニングが必要です。

［参考文献］

1) 河野健一，秋山純和：体幹前傾を伴う上肢指示姿勢での自転車エルゴメータ駆動時の呼吸応答．理学療法科学，24 (4): 535-537, 2009.

2) 奥島大，一箭フェルナンドヒロシ，山本正嘉：高度0m，1500m，2500m，3500m相当の常圧低酸素環境下における運動時の生理応答–高度，絶対的および相対的な運動強度，および生理応答の相互関係．トレーニング科学，24 (2): 203-215, 2012.

3) 安藤真由子，安藤隼人，宮﨑喜美乃，山本正嘉：低酸素環境に対する適性と行動適応能力を判別するための常圧低酸素室を用いた「高所テスト」の開発．登山医学，34: 107-115, 2014.

10

呼吸筋を鍛えることは
球技スポーツにも有効である

山本正彦

たとえばサッカーを考える

サッカーの試合時間は、前後半45分ずつで90分（高校は80分、中学生は60分）です。それだけの長時間プレーすれば、試合中の走行距離が多いだろうと予想されます。Jリーグでは、CHYRONHEGO社のTRACABというトラッキングカメラを採用して、2015年から全試合で選手の走行距離をデータ化し、公表しています。

ポジションにもよりますが、サッカーの1試合の走行距離は、総じて10kmくらいとみられています。2020年のJリーグを見ると（https://www.jleague.jp/stats/）、試合中の走行距離が最も多いのは奥埜博亮選手（C大阪）で13.58kmでした。選手が複数回ランキングされているものの20位までが13kmを超えており、持久能の高い選手が多いことがわかります。

なぜ走行距離を気にするのか？ チーム全体の走行距離に注目すると、走行距離の多いチームほどボールの支配率が高く、すなわち攻撃している時間が長いと解釈できます。それだけに走るチームは強いのです。

では、マラソン選手のようなスタミナが必要かと言えば、そう短絡的に考えることはできません。Barnesら（2014）[1]は、論文を発表する直前の7年間の試合のデータを観察しました。その結果、7年間通して試合中の走行距離は変わらない（1.02倍の増加）、しかし秒速5.5m以上で走るダッシュは1.29倍に増加し、さらに秒速7.0m以上で走るスプリントは1.50倍に増加したと報告しています。

サッカー選手に必要な走力を考えると、1試合で10km以上走ることができるスタミナに加え、ダッシュやスプリントを繰り返しできること、それらの走行距離が多いことが求められるようです。つまりは、有酸素的な持久力はもちろんですが、無酸素的に走ることを繰り返すスタミナも不可欠になっているのです。

呼吸筋疲労は短時間高強度運動にも影響する

　呼吸筋トレーニングの有効性は、持久性スポーツにおいて認識され始めています。そのため先行研究をみると自転車競技、ボート、ランニング、トライアスロンなど、まさに持久性能力の善し悪しがパフォーマンスを決定する種目が多いようです。

　ところで球技のうちゲーム中の移動距離が多い種目に目を向けると、バスケットボールは1クォーター10分で4クォーター制の計40分、ラグビーは前後半40分ずつで計80分、ハンドボールは高校生から一般では前後半30分ずつの計60分です。十分にスタミナ競技と言ってもいいでしょう。本章では、これらを持久系球技スポーツと称することにします。単に動き続けるスタミナだけでなく、どれだけ速く走ることができるのか、このようなランニングの質的要素にも注目する必要があるのが、持久系球技スポーツなのです。

　ここで、興味深い研究を2つ紹介します。MadorとAcevedo（1991）[2]は、15分間の吸気抵抗負荷の後、自転車エルゴメータの短時間高強度での運動の持続時間が減少したことを報告しています。これは、呼吸筋の疲労は高強度で比較的短時間の運動パフォーマンスに影響することを示しています。またMcConnellら（1997）[3]は、20mのシャトルランテストにおいて、疲労困憊に至る前後において、最大吸気口腔内圧（最大吸気筋力）が有意に減少したことを報告しています。すなわち反復運動のパフォーマンスに、呼吸筋の疲労が無関係ではないことを意味しているのです。

　この2つの論文から考えられることは、持久系球技スポーツでは、試合中に呼吸筋が疲労する可能性があるということです。呼吸筋トレーニングの導入によって試合中の走行距離などの持久力、ダッシュやスプリ

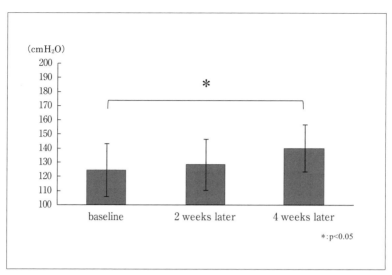

図10-1　トレーニング群における測定開始から2週間ごとの吸気口腔内圧の
変化

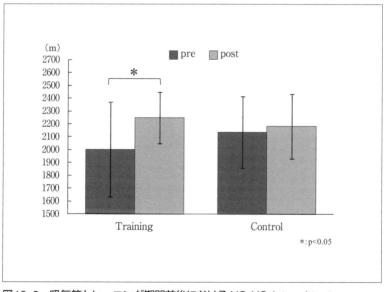

図10-2　吸気筋トレーニング期間前後における YO-YO intermittent recovery
test 1 の比較

ントを繰り返すスタミナ、それらの回復力などを改善する可能性がある
ように思うのは筆者だけでしょうか。

呼吸筋トレーニングは、持久系球技スポーツの
パフォーマンスを改善する

　持久系球技スポーツの特徴のひとつは、高強度運動（速いランニン
グ）を低強度のランニングや休息を挟んで繰り返すことにあり、ダッシ
ュやスプリントのスピードの維持やそれら反復に対する回復が競技結果
に反映されると考えています。そこで筆者たちは、鍛錬された大学サッ
カー競技選手に対して、4週間の吸気筋トレーニングが反復運動のパフ
ォーマンスに影響するのか検討しました（山本ら，2009）[4]。

　被験者は関東大学サッカーリーグ1部に所属するチームの選手に協力
いただき、吸気筋トレーニング群10名とコントロール群8名を無作為
に選びました。吸気筋トレーニングは Threshold® というデバイスを用
いました。被験者は競技レベルが高く、日頃からハードなトレーニング
を行っていることから、呼吸筋がすでに鍛えられている可能性がありま
す。そのため吸気筋トレーニングの条件として、トレーニング期間は4
週間、吸気筋トレーニングの強度は最初の2週間を最大吸気口腔内圧の
50％、後半の2週間を80％とし、1回の吸気筋トレーニングは30呼吸×
2セット、頻度は週に5回としました。吸気筋トレーニング期間の前後
で YO-YO intermittent recovery test 1（以下 YO-YO test）を体育館内
で行い、吸気筋トレーニングの効果を検討しました。YO-YO test はサ
ッカーではよく知られた20m往復走テストで、10秒の休息を挟みなが
ら速度を漸増し疲労困憊まで実施します。

　トレーニング群は吸気筋トレーニングの結果、呼吸筋機能は呼吸筋
持久力（MVV）と吸気口腔内圧が改善していましたが（図10-1）、呼
気口腔内圧には改善がみられませんでした。YO-YO test は（図10-2）、
トレーニング群のみ5％水準で有意に走行距離が延伸していました（2028
±328.8 vs. 2244±177.3 m）。

　吸気筋トレーニングをする前は、トレーニング群の YO-YO test は
2,028mで、公表されているデンマークのプロサッカー選手の値2,040m

とほぼ同じでしたが、吸気筋トレーニング後はより高いレベルに属する
イタリアのトップチームの測定値の2,260mに近づいていました。

　このことから持久系球技スポーツにおいても、呼吸筋トレーニングを
導入することでダッシュやスプリントを繰り返す反復能力が改善する可
能性があることが考えられるのです。

[参考文献]

1) Barnes C , DT Archer , B Hogg , M Bush, P S Bradley : The evolution of physical and technical performance parameters in the English Premier League. Int J Sports Med. 35: 1095-100, 2014
2) Mador, M. J., Acevedo, F. A. : Effect of respiratory muscle fatigue on subsequent exercise performance. J Appl Physiol., 70, (5), 2059-2065, 1991
3) McConnell, A. K., Caine, M. P., Sharpe, G. R.: Inspiratory muscle fatigue following running to volitional fatigue: the influence of baseline strength. Int J Sports Med., 18, (3), 169-173,1997
4) 山本正彦，片山桂一，河合祥雄，吉村雅文：吸息筋トレーニングが反復運動パフォーマンスと呼吸機能におよぼす影響．日本体力医学会第65回大会，2009

11

スポーツ現場からみた呼吸筋
—— ラグビーの事例

大石　徹

きついときこそ「深呼吸」

　ラグビーは、高強度なスプリントに加え、タックル、スクラム、ラック、モールなどの激しいコンタクトや筋力発揮に、その競技特性がある格闘技要素の強い持久系球技です。リオ五輪から正式種目となった7人制ラグビーは、15人制ラグビーと同じ100 m×70 mのフィールドを7人でプレーするため、その攻防はさらに激しく、試合を意識した練習は200⇄160拍/分といった心拍数をターゲットにモニターしながらトレーニングしています。

　このように、高強度のスプリントと激しいコンタクトプレーを繰り返すラグビーは、スピードと筋力を発揮し、打撲もする中でいかに回復し、繰り返しプレー参加できるかどうか、すなわち、どんなに苦しい状況においても積極的に呼吸をして、肺に空気（酸素）を取り込むことで、回復できるかが勝利の鍵となるスポーツなのです。

　ラグビーの試合中、レフリーの笛が鳴った瞬間に両手を頭に乗せている選手を見たことがあると思います。これは決して頭を抱えて困っているわけではありません。両手を頭上に挙げて胸郭を広げることで肺に空気を取り込もうとしている姿勢なのです。体内に酸素を取り込む臓器である肺には筋肉がなく、肺による自律的な呼吸運動はできません。吸気は、横隔膜と外肋間筋を収縮させて胸郭の容積を広げることで肺に空気を引き込みます。呼気は横隔膜と外肋間筋の弛緩、肺の弾性収縮力（激しい運動時には内肋間筋の収縮が加わる）で行われます。現在の呼吸筋に関する研究を概観すると、持久性運動によって呼吸筋は疲労するこ

と、呼吸筋を鍛えることで持久性運動のパフォーマンスが改善すること
がわかっています。

　ラグビーのような持久系球技においても呼吸筋の強化がパフォーマン
スに直結することは十分に考えられます。呼吸筋を鍛えるデバイスはい
くつかありますが、楕円球を使った格闘技であるラグビーにおいては、
練習中に使用可能なデバイスは存在しないため、チーム全体、ラグビー
競技の活動様式内で呼吸筋を鍛えることを考える必要があります。

　そこで実践しているのは、試合中やフィットネストレーニング中のき
ついシチュエーションで意識的に「深呼吸」をさせることです。この呼
吸が浅く速く乱れているきついときに、呼吸筋を随意制御して収縮させ
ることで、呼吸筋の収縮過程にエキセントリックな刺激が入り、強化す
ることができるのではないかと考えています。また、競技中の「深呼
吸」には生理学的にポジティブな理由があります。激しい運動後の回復
を早めるためには、浅くて速い呼吸の繰り返しよりも1回の大きな深呼
吸のほうが多くの空気を取り込めるからです。浅い呼吸でも深呼吸にお
いても気管と気管支の管を往復するだけでガス交換に関与しない気道
スペース（死腔：約150mL）があり、呼吸の回数だけその死腔分のロ
スが生まれます。たとえば、深呼吸で3500mL吸気した場合、死腔分の
ロスは150mLですが、3350mLは新鮮な空気が入ってきます。浅い呼吸
（500mL）で7回吸気した場合も吸気の合計は3500mLですが、1回に
つき150mLの死腔分のロスがあるため、7回の死腔合計が1050mLもあ
り、吸気の合計は2450mLと深呼吸1回に比べて900mLも新鮮な空気を
取り込めていないことになります。このことからも「きついときこそ深
呼吸」は、回復のための第一歩の行動になります。

　さらに、競技中の行動としても深呼吸には重要な意味があります。き
ついときに、膝に手をついて（下を向いて）浅い呼吸を繰り返している
間にも試合は動いています。まず顔を上げて深呼吸することで動いてい
る試合に気づいて動き出せるのです。たとえ試合が止まっているタイミ
ングであっても、下を向いていて呼吸していては仲間とのコミュニケー
ションも取れないでしょう。きついときこそ顔を上げて深呼吸をするこ
とは、周りも見えて周囲とのコミュニケーションが取れる状態にあると
いうことになり、生理学的以上の効果（成果）が期待できるといえま

す。

　研究室レベルでの効果検証はできていませんが、ラグビーの現場での
「きついときこそ深呼吸」は、いくつものポジティブな効果を実感して
います。

Keep the Beat（動き続けろ）

　Petersら（1987）[1]によると、激しい運動後に軽度な運動を行うと、
乳酸の酸化的除去が高まり、血中乳酸濃度の低下が早まると同時に、グ
リコーゲンの再合成が促進されると報告されています。ラグビーにおい
ては、高強度のスプリントや激しいタックル後は、止まって回復を待つ
より、すぐに次のポイントに向かって動き始めたほうが、より多くの酸
素を取り込んで乳酸が除去されやすい（回復が早まる）と考えることが
できます。チームのスローガンが「Keep the Beat（動き続けろ）」とい
うシーズンがあって、トレーナーの私だけがこのような解釈をして選手
を叱咤したのを覚えています。

　また、ラグビーでは一定強度の運動を持続して行うトレーニングより
も、より実践的な内容を組み合わせたインターバルトレーニングが多用
されます。インターバルトレーニングは、短時間しか持続できない高強
度な運動（スプリントやコンタクトなど）を、休息を挟んで反復するト
レーニング方法です。ここでの休息は立ち止まって休むのではなく、ま
ず「深呼吸」をして、状況判断をして移動し、次の準備をします。静止
して休むよりも動き続けることのほうが呼吸によって取り込んだ酸素を
有効に使うことができ、回復に有効であることをチーム全体で理解する
ことで、結果的に途切れることなく繰り返しプレーに参加することがで
きるのです。

体幹スイッチを入れて呼吸筋を鍛えろ！

　激しい運動直後には、苦しくて膝に手をついて下を向いて呼吸してし
まうことがあります。このときの呼吸は浅くて速く、呼吸はしているけ
れど酸素の入れ替えは効率よく行われていない状態といえます（前述）。

このようなときこそ呼吸筋を積極的に使って大きな呼吸（深呼吸）を行って、回復のための第一歩の行動を確実に行うことが重要です。

そしてこのときもうひとつ重要なことは「体幹のスイッチが入っていること」です（写真11-1～3）。体幹のスイッチが入った状態とは、着地した瞬間やお腹をパンチされるときに瞬間的に体幹筋（内・外腹斜

写真11-1 コアのスイッチ ON

写真11-2 コアのスイッチ OFF

筋、腹横筋、多裂筋など）に力が入っている状態を指します。この体幹
のスイッチが入っている状態を当たり前にするために実践できることと
して、まずは・き・つ・い・と・き・に積極的に深呼吸を繰り返すことが有効である
と考えます。膝に手をついて浅くて速い呼吸をしているときは、お腹が
重力に引っ張られてしまって横隔膜が十分な弛緩をすることができませ
ん。上体を起こし、体幹のスイッチが入っていると、横隔膜の動きに合
わせて腹部とともに胸郭も動きやすくなり、呼吸筋を積極的に使った効
率的な呼吸ができるようになります。

　また、体幹のスイッチが入っていないということは、プレーの質にも
大きく関わります。腹部が大きく動いているということは体幹の筋肉は
緩んでいるので、その状態からは素速く動いたり、大きな力を発揮する
ことはできません。実際に動き出すときには「体幹の安定→動き出し」
の順に動作は生まれるので、動作前に体幹の安定を先に行う分、結果と
して相手の動き出しのタイミングより一歩も二歩も後手を踏むことにな
り、勝敗を決定づける大きな要因となってしまいます。さらに、これは
単に遅れをとるというだけでなく、精神的にもケガのリスクも高めるこ
とにつながります。競技中は、体幹のスイッチが入っている状態でプレ
ーし、積極的な呼吸をすることがパフォーマンスの発揮と外傷予防の観
点からも重要になります。

　また、ウェイトトレーニングなどのトレーニングシーンで体幹のスイ

ッチが入っていることを確認し（パンチするなど）、体幹のスイッチが
抜けてきたらスイッチを入れ直してから再開するということを徹底しま
す。

　ニュージーランドでの代表経験がある選手に「日本人はウェイトルー
ムでは強いけれどグラウンドでは弱い」と言われたことがあります。日
本人は、外国人選手との体格差を埋めようとウェイトトレーニングを一
生懸命行うので、種目によっては身体の大きな外国人選手よりも高重量
を扱うことがありました。しかしグラウンドでのパフォーマンス（パワ
ー）においては、その差を埋めることができずにいました。そのとき気
づいたことが「体幹のスイッチ」だったのです。ウェイトトレーニング
では、ベンチに寝転がって力を発揮したり、腕や脚を別々に鍛えること
が主になるので、体幹から力を発揮する意識がなくても実施できる種目
が多くあります。実際のグラウンドでのプレーでは、どのような力発揮
やパフォーマンスも両足の裏で地面を捉え、体幹を通して腕や相手に力
を伝える必要があります。体幹のスイッチが入っていない状態で、腕や
脚のトレーニングを積み重ねても、実際のプレー場面で十分なパフォー
マンスとして発揮がされないということを思い知らされ、すべての動き
が体幹から始まることを理解して、トレーニングを積み重ねることの必
要性を実感したエピソードでした。

　また、フィットネストレーニングやコンタクトフィットネスなどの呼

写真11-4

吸数、心拍数ともに限界まで追い込むようなトレーニング中、または直後のタイミングで、体幹のスタビライゼーショントレーニング（写真11-4）を行って体幹筋と呼吸筋を同時に制御することも双方の筋群の強化に有効であると考えています。スタビライゼーショントレーニングは安静時には簡単でも、呼吸が乱れて制御不能な状態で実施すると呼吸筋にエキセントリックな刺激が加わり、とても高いトレーニング効果を得ることができます。

　これもまた研究室レベルでの検証はされていませんが、呼吸が乱れているときや体幹が不安定な状態では十分なパフォーマンスが発揮できないことからも、そのシチュエーションを利用して併せて強化することが有効であると考えています。

肋間筋、呼吸補助筋を鍛える

　前述のように吸気は、横隔膜と外肋間筋の収縮によって積極的に行われ、呼気は横隔膜と外肋間筋の弛緩、肺の弾性収縮力（激しい運動時には内肋間筋の収縮が加わる）で行われます。すなわち、しっかり吸気（深呼吸）すれば、意識せずとも呼気してくれます。

　しかし、激しいトレーニングをすればするほど呼吸に合わせて開閉する肋骨は疲労し、胸椎の可動域が落ちて開きっぱなしになってしまいま

写真11-5　リブス
クイーズ

す。この状態が続くと胸郭が開いたまま硬くなり、胸周辺の柔軟性が下がると効率的な呼吸ができなくなるばかりか、肩や腰の負担が増して、様々な別の問題も引き起こす原因になります。

　そこで、肋骨の可動域（とくに呼気）を維持するためのトレーニングとして「リブスクイーズ（写真11-5）」を行います。選手は仰向けに寝

写真11-6　ショルダ
　　　ープレス

写真11-7　サイドレ
　　　イズ

て膝関節、股関節を90°に曲げ、パートナーは肋骨下部に手を当てます。2秒かけて鼻から息を吸い、4秒かけて口から息を吐ききり、2秒間止める。この呼気の動作時にパートナーは肋骨下部に当てた手をややお腹側に向けて息を吐き切るまで押し込み、呼気時の肋骨の最大可動域を使うように補助し、内肋間筋の最大収縮のトレーニングを行います。

写真11-8 シュラッグ

写真11-9 サイドベント

写真11-10　各種の
　ツイスト系腹筋種
　目

　その他、ウェイトトレーニング種目の中でも呼吸補助筋の強化は可能
で、三角筋の強化はショルダープレス（写真11-6）やサイドレイズ（写
真11-7）。僧帽筋はシュラッグ（写真11-8）、肋間筋はサイドベント（写
真11-9）、内腹斜筋、外腹斜筋は各種のツイスト系腹筋種目（写真11-10）
が有効な種目となります。

[参考文献]

1）Peters Future EM,Noakes TD,Raine RI,and Terblanche SE. Muscle
　glycogen repletion during active postexercise recovery. Am J Physiol.,
　253: E305-E311, 1987

スポーツにおける呼吸筋トレーニング

2023年7月1日　第1版第1刷発行

編　著　山地啓司、山本正彦、田平一行
発行者　松葉谷　勉
発行所　有限会社ブックハウス・エイチディ
　　　　〒164-8604
　　　　東京都中野区弥生町1丁目30番17号
　　　　電話03-3372-6251
印刷所　シナノ印刷株式会社